中央高校基本科研业务费专项资金（2023FR017）资助

"双碳"目标下多元发电主体经济性测度及发展路径研究

郭 森 靖仕寅◎著

四川大学出版社
SICHUAN UNIVERSITY PRESS

图书在版编目（CIP）数据

"双碳"目标下多元发电主体经济性测度及发展路径研究 / 郭森，靖仕寅著．-- 成都：四川大学出版社，2025.8．--（卓越学术文库）．-- ISBN 978-7-5690-7648-6

Ⅰ．F426.61

中国国家版本馆CIP数据核字第202580YT00号

书　　名：	"双碳"目标下多元发电主体经济性测度及发展路径研究
	"Shuang Tan" Mubiao xia Duoyuan Fadian Zhuti Jingjixing Cedu ji Fazhan Lujing Yanjiu
著　　者：	郭　森　靖仕寅
丛 书 名：	卓越学术文库

丛书策划：蒋姗姗　李波翔
选题策划：蒋姗姗　李波翔
责任编辑：李波翔
责任校对：杨梓樱
装帧设计：墨创文化
责任印制：李金兰

出版发行：四川大学出版社有限责任公司
　　　　　地　址：成都市一环路南一段24号（610065）
　　　　　电　话：（028）85408311（发行部）、85400276（总编室）
　　　　　电子邮箱：scupress@vip.163.com
　　　　　网　址：https://press.scu.edu.cn
印前制作：四川胜翔数码印务设计有限公司
印刷装订：四川煤田地质制图印务有限责任公司

成品尺寸：170mm×240mm
印　　张：12
字　　数：173千字

版　　次：2025年8月 第1版
印　　次：2025年8月 第1次印刷
定　　价：68.00元

本社图书如有印装质量问题，请联系发行部调换

■版权所有◆侵权必究

扫码获取数字资源

四川大学出版社
微信公众号

前　言

　　建设具有中国特色的新型电力市场体系是实现"碳达峰、碳中和"目标的必然要求。在"双碳"目标指引下，电力市场需发挥"保供应、促转型、促发展、提效率"等方面的重要作用，以满足我国经济社会高质量发展和能源电力清洁低碳转型的需要。近年来，我国电力市场建设进程大大加快，对电力数据分析和市场机制设计提出了更高的要求。第一，随着一般工商业用户全面进入市场，电力交易的高效运行需要对发电主体的基础数据进行系统把握，但目前我们对发电主体的基础数据了解较少，亟须开展针对发电主体数据特性的基础研究，从而对大规模电力交易的供需情况进行预测，保障电力市场的有效运行。第二，随着以新能源为主体的新型电力系统的构建，新能源取代传统能源已成为必然趋势。然而，现阶段新能源生产成本较高且出力波动性大，进入电力市场后尚不具备与传统能源平等竞争的条件，需要通过合理的机制设计辅助新能源消纳和参与电力市场交易。同时，传统能源仍需要在新型电力系统中继续发挥容量支撑和辅助服务的关键作用，需要构建合理的市场机制来保障其可持续发展。

　　基于此，本书对"双碳"目标下多元发电主体经济性测度及发展路径开展研究。首先，对美国、北欧、澳大利亚等国外典型国家或地区的电力市场现状及主体参与情况进行系统分析，提炼并借鉴国外的发展经验；其次，对我国多元发电主体参与电力市场的现状进行分析，并明确各发电主体目前面临的主要问题；再次，基于平准化度电成本理论构建了多元发电主体成本测算模型，并进行了实证分析，识别了影响多元发电主体成本的关键因素；然后，构建了多元发电主体效益及经济性评估指标体系，并通过调研获取数据，对多元发电主体的效益和经济性进行了测算分析；最后，设计了多元发电主体参与市场化交易的机制，并提出了适应不同阶段的典型电源参与市场化交易的路径建议。

  本书系统研究了我国当前各类主要发电主体的经济性以及参与电力市场的机制和路径，能够为我国电力市场化改革政策的完善及相关市场主体发展战略的制定提供支撑，助力我国新型能源体系的构建和"双碳"目标的实现。本书亦可为相关理论研究者、实践工作者提供参考。

  本书受中央高校基本科研业务费"哲学社会科学繁荣计划专项项目"（项目号：2023FR017）资助，在编写和出版过程中得到了该项目负责人许晓敏老师的帮助，祁泽、李佳琛等研究生和有关电力行业专家在本书编写过程中也给予了大力支持，特此感谢。

  囿于作者水平有限，书中可能存在一些不当之处，恳请读者批评指正！

目　录

第1章　国外典型国家和地区电力市场现状及主体参与情况分析 ……………………………………………………………… 1
　1.1　美国 ……………………………………………………… 1
　1.2　北欧 ……………………………………………………… 8
　1.3　澳大利亚 ………………………………………………… 13

第2章　我国多元发电主体参与电力市场现状分析 ……… 18
　2.1　电力市场发展情况 ……………………………………… 18
　2.2　火电企业参与电力市场现状 …………………………… 31
　2.3　新能源企业参与电力市场现状 ………………………… 36
　2.4　水电企业参与电力市场现状 …………………………… 41
　2.5　核电企业参与电力市场现状 …………………………… 46
　2.6　各类发电主体参与电力市场化交易的困难及主要问题分析 ……………………………………………………… 50

第3章　多元发电主体成本测算及影响因素分析 ………… 58
　3.1　原理介绍 ………………………………………………… 59
　3.2　多元发电主体全生命周期成本分析 …………………… 61
　3.3　多元发电主体平准化度电成本模型构建 ……………… 67
　3.4　多元发电主体平准化度电成本测算 …………………… 71
　3.5　多元发电主体平准化度电成本敏感性分析 …………… 89

第4章 多元发电主体效益及经济性测算分析 ……………… 115
    4.1 多元发电主体效益及经济性评估指标 ……………… 115
    4.2 多元发电主体效益及经济性测算 ……………………… 119

第5章 多元发电主体参与电力市场化交易的机制和路径建议 …… 129
    5.1 多元发电主体参与电力市场化交易的机制设计 ……………… 129
    5.2 适应不同阶段的典型电源参与电力市场化交易路径建议
        ……………………………………………………………… 165

参考文献 ……………………………………………………… 180

第 1 章　国外典型国家和地区电力市场现状及主体参与情况分析

国外典型国家和地区电力市场发展历史较长，积累的经验也较为丰富，对国外典型国家和地区市场情况进行分析，能够为我国电力市场发展及相关经济主体参与市场机制及路径设计提供借鉴与参考。本章选取美国、北欧和澳大利亚三个典型国家和地区，对其电能量市场、辅助服务市场、电力金融市场、碳市场等发展现状进行分析，并对各类典型发电主体参与上述各类市场的实践活动进行了梳理与分析，为我国发电主体参与市场相关研究提供参考。

1.1　美国

1.1.1　电能量市场

美国主要的电能量市场主要有 PJM 电力现货市场、ERCOT 电力现货市场和 CAISO 电力现货市场等。

PJM 电力现货市场包括日前市场和实时市场，交易标的为电能。日前现货市场是市场成员自愿参与的基于报价的市场，市场成员于交易日前一天 12：00 前提交交易日的每小时报价情况，交易中心根据发用电侧报价、虚拟电厂/负荷报价和双边交易时间表，使用安全约束下的机组组合和经济调度对电能和备用辅助服务进行联合出清，每小时成交电量按照节点边际电价（Locational Marginal Price，LMP）进行结算，交易日前一天 16：00 之前，交易中心发布日前市场出清结果和日前节点边际电价。实时现货市场实际上是实时平衡市场，该市场基于系统实际运行情况，使用安全约束下的经济调度对电能、调频和备用辅助服务进行联合出清，每 5min 计算一次市场出清价格，对实时出清电量与日前出清电量的偏差电量按照实时节点边际电价结算。

ERCOT 电力现货市场包括日前市场、可靠性机组组合和实时市场。日前市场是基于报价的集中出清金融性市场，日前出清电量不强制物理执行，发电机组和负荷可自愿参与市场。日前市场在发电机组运行物理约束和网络安全校核的基础上，以社会福利最大化为目标函数，通过安全约束下的机组组合联合优化电能量、辅助服务和金融输电权。可靠性机组组合是保障电力系统可靠性的物理市场，机组强制参与，以系统运行成本最小为目标函数。机组组合结果在实时市场需要物理执行，接受指令开机的机组必须在实时运行阶段上线。实时市场在可靠性机组组合的基础上，进行安全约束下的经济调度，以 5min 为周期对发电机组发放实时调度计划，市场成员强制参与市场，实时市场与日前市场的偏差电量按照实时节点边际电价结算。

CAISO 电力现货市场包括日前市场和实时市场。日前市场以电能和辅助服务为交易标的，于运行日 8 天前开放竞标，自调度成员作为价格接受者报量不报价参与市场。日前市场于运行日前一天 10：00 开始，市场流程包括市场力缓解测试、综合远期市场和剩余机组组合。

CAISO 首先通过每小时市场力缓解测试，审核市场成员报价；其次启动综合远期市场，在网络安全和系统运行约束下进行日前机组组合和阻塞管理，根据市场成员所提交的负荷安排机组发电计划，同时按照辅助服务要求进行调整和运行备用出清，日前市场的出清结果于运行日前一天 13：00 发布。实时市场于交易日前一天 13：00 开放竞标，于实际运行前 75min 进行实时出清，实际运行前 45min 发布提前小时调度计划以及实时机组组合和实时经济调度的出清结果，实时机组组合在安全约束下每 15min 进行一次，实时调度为安全约束下的经济调度，每 5min 运行一次。

根据美国主要电力市场的交易规则，火电机组、水电机组和新能源机组等可以参与电能量市场交易。其中，新能源机组参与 PJM 电力现货市场时采用双结算机制，日前节点边际价格仅用于日前计划的出清。实时市场作为平衡市场，允许市场成员根据实际运行情况重新报价，用实时出清电量补偿日内可再生能源的预测误差，并按照实时节点边际电价对日前和实时发电计划的偏差电量进行增量结算。风电机组参与 ERCOT 实时市场时，可以选择自报价或者不报价。选择自报价的风电机组，一般按照价格接受者策略，申报零或负电价；选择不报价的风电机组，默认申报价格为系统报价下限，从而确保风电机组可以实现最优先调度。

另外，美国基于可再生能源配额制建立了配套的绿色证书市场，强制性可再生能源发展目标与绿证市场相互配合。可再生能源机组参与电能量市场出售电能，并获取与其发电量相对应的绿色证书，同时通过在绿证市场与承担配额义务的市场主体进行证书交易，按照市场绿证价格获取绿证收益。

1.1.2　辅助服务市场

PJM 电力辅助服务市场主要包含调频、备用、黑启动、无功电压控制和不平衡电量等品种，市场化运营的辅助服务产品主要包含调频、初级备用、黑启动等，其中调频与初级备用（包含同步备用和非同步备用）采用集中式市场化交易，并与电能量市场联合优化运行。

PJM 将调频、备用辅助服务义务按照在实时市场的负荷比例分配给负荷服务商（Load Serving Entity，LSE）作为其调频、备用义务。LSE 可以利用自己的发电资源或通过与第三方签订合同来履行自己的调频、备用义务；若仍然无法完全履行其义务，可以从 PJM 辅助服务市场上购买调频、备用服务。

1. 调频

品种定义：调频服务的主要目的是维持系统的频率。提供调频服务的发电机组必须能够在 5min 内增加或减少其出力，以响应自动控制信号。

市场组织方式：PJM 调频市场组织方式主要包括日前报价、时前出清和实时出清。在日前市场上，参与调频服务的资源进行报价。实时运行前一小时，PJM 根据预测的实时市场节点边际电价和调频资源的运行成本曲线，统一计算出每个机组的机会成本。进入实时调度以后，每 5min 进行一次电能量出清，并确定该调度时段的 LMP。PJM 根据每 5min 的 LMP 重新计算已中标调频资源的机会成本，在容量报价和里程报价不变的基础上，将机会成本改为实时出清的机会成本，里程调用率由历史值改为实际值，从而得到新的排序价格。

价格机制：PJM 调频市场采用两部制结算机制，即调频服务出清价格等于调频容量价格与调频性能价格之和。

2. 同步备用

品种定义：同步备用是指必须与电网同步，并且能够在收到系统运行人员发出信号后 10min 内响应的初级备用。

市场组织方式：由市场主体上报提供同步备用报价，PJM 通过对电能量、调频、同步备用和非同步备用的联合优化，得到下一小时的非灵活性机组开机计划。在实时运行阶段，PJM 将联合优化电能量、调频及剩余的备用需求，并根据当前的系统运行状况，每 5min 计算一次同步备用的结算价格。

价格机制：提供同步备用的资源按照每 5min 同步备用的市场出清价格结算。

3. 非同步备用

品种定义：非同步备用同样要求在 10min 内完成调整。同步备用服务和非同步备用服务共同组成 PJM 市场的初级备用。

市场组织方式：PJM 根据每个备用资源的特性确定其备用能力，并将这些信息作为实时市场的输入。在实时市场中，对电能量、调频和备用资源进行联合优化，并根据当前的系统运行状况，每 5min 计算一次非同步备用的结算价格。

价格机制：提供非同步备用的资源按照每 5min 非同步备用的市场出清价格结算。

根据美国主要电力市场的交易规则，火电机组、水电机组、燃气机组和新能源机组均参与辅助服务市场交易。在 PJM 辅助服务市场中，火电机组和部分燃气机组提供基于传统调频信号的调频辅助服务；新能源机组、水电机组和部分燃气机组参与基于动态调频信号的辅助服务。

另外，随着新能源机组参与辅助服务市场比例的增加，美国各大电力市场对辅助服务市场机制进行了优化，美国 MISO、SPP、CAISO 等电力市场已经建立了短期爬坡交易机制，引入了爬坡类产品以确保发电资源充裕度，促进可再生能源消纳。爬坡类产品主要针对可再生能源发电资源临时短缺（如太阳落山）的问题，通过引入调节性能较好的发电机组，如火电机组、燃气机组以及水电机组等以满足电力需求。

1.1.3 电力金融市场

自电力市场化改革以来，美国 PJM 电力金融市场体系发展日益完善，目前既包括各电力期货交易所组织的所有投资者均可参与的电力期货与电力期权交易，也包括PJM组织的仅有电力市场场内参与者可以进行交易的金融输电权交易与虚拟投标交易。PJM电力市场随着1997年4月1日该区域输电网的正式开放开始正式运营，经过多年的发展已经成为美国最具有活力的区域电力现货市场。PJM电力市场分为实时市场、日前市场和长期市场，市场主体涵盖发电、输电、配电、售电和电力用户五类，交易的产品包括电能、辅助服务、输电权和容量四类。

为了优化输电资源配置，使市场结构更为合理，1999年4月，PJM建立了世界上第一个金融输电权（Financial Transmission Right，FTR）交易，并通过多次修改规则，逐渐引入长期型FTR、期权型FTR、峰荷时段FTR、谷荷时段FTR和全日FTR交易。与此同时，金融输电权的分配机制和拍卖机制也在不断改进。

为了对冲电力现货交易的价格波动风险，2000年，美国纽约商品交易所（New York Mercantile Exchange，NYMEX）设计了PJM电力期货合约并进行交易，推出的品种包括电力期货合约和电力期权合约两类，合约期限为1~18个月不等。2002年1月，NYMEX停止了PJM市场的电力期货交易。2002年12月，NYMEX提出了重新设计的PJM电力期货合约，相比之前的期货合约进行了以下改进：①合约涉及的电力交易量是可变的；②合约改为纯金融性结算。重新设计的标准NYMEX期货合约规定的日合约单位是40MW·h，每月期货合约涉及的电量是这个数的倍数，金融结算以PJM西部地区峰荷时段的实时节点边际价格的算术平均值作为交割价。此后，美国洲际交易所（Intercontinental Exchange，ICE）以及纳斯达克（NASDAQ）也分别推出了PJM电力期货合约和电力期权合约。

为了给电力市场参与者提供适当的风险管理工具，同时增强电力现货市场的流动性，2010年1月，PJM在电力现货市场交易中引入了虚拟投标，虚拟投标在一定程度上类似于期货类金融交易，分为两类：增量投标和减量投标。虚拟投标不需要任何物理发电机和负荷。通过在日前市场和实时市场中进行反向操作，市场参与者就可以获取相关收益。

1.1.4 碳市场

美国尚未形成统一碳市场，但已形成多层次碳排放交易体系。区域温室气体倡议（RGGI）和西部气候倡议（WCI）是北美较为成熟的碳市场。

RGGI 是美国第一个以碳市场为基础的强制性减排体系。RGGI 于 2009 年启动，目前共涉及美国 11 个成员州。RGGI 属于行业型碳市场，单纯管制火力发电行业，旨在通过电力产业减少温室气体排放，体系规模较小。2020 年 RGGI 交易额为 17 亿欧元，交易量为 2.7 亿吨二氧化碳。RGGI 的具体运行流程与欧盟类似，每个州先根据自身在 RGGI 项目内的减排份额获取相应的配额，再以拍卖的形式将配额下放给州内的减排企业。不同之处在于，RGGI 覆盖下的企业要按照规定安装二氧化碳排放跟踪系统，记录相关数据。RGGI 当前处于第五阶段，已经与新泽西州对接完毕，接下来将与弗吉尼亚州、宾夕法尼亚州的碳市场对接。

美国的碳市场交易主体众多，RGGI 以电厂为单位进行配额交易，拥有资格的不同发电主体均可参与，各发电主体可以在二级市场上交易，出售多余的配额或购买履约所需配额。通过拍卖，发电企业能更积极地管理自身的碳排放和碳资产，以获得额外利润。

WCI 是包括多个行业的综合性跨界型洲际碳市场，2015 年进入全面运行，覆盖成员州 90% 的温室气体排放，以实现 2020 年比 2015 年排放降低 15% 的目标。WCI 自建立以来发展迅速，2020 年其交易额达 243.3 亿欧元，交易量为 17.4 亿万吨二氧化碳。西部气候倡议的碳排放权限制和交易体系包括发电、工业和商业化石燃料燃烧、工业过程排放、运输天然气和柴油消耗，以及住宅燃料使用所排放的二氧化碳、甲烷、氧化亚氮等。根据这一计划，电力企业和实体必须向政府提交与其在履约期的排放量相同的排放配额。任何未能提交足够排放配额的公司或实体将受到每缺一项配额必须补足三项配额的"惩罚"。此项涉及多部门的限额与交易计划有一个三年的履约期。电力企业和实体可以通过拍卖购买配额，在二级市场上购买和出售这些配额或储存起来以备将来使用，即拥有政府颁发给它们的排放定量温室气体的许可。

1.2 北欧

北欧包括挪威、瑞典、芬兰、丹麦和冰岛五个国家，除冰岛外，其他四个国家均已实现电网互联，形成统一运行的北欧电力市场。北欧四国的发电构成具有以下特点：在丹麦和芬兰的装机容量与发电量中，火电所占比重较大；挪威几乎完全依靠水力发电；而瑞典的水电、火电和核电的装机容量与发电量均占一定比重。因此从电源结构上看，北欧四国间具有一定的互补性，国与国之间存在电力交换的潜在需要。

北欧电力市场经过多年的完善，目前已形成以现货市场为基础，以辅助服务市场和金融市场为补充的市场机制。各市场之间互相协调运行、有机结合，共同构建了一个体系完备、功能完善的市场交易体系。现货市场为各类市场参与者提供电力交易的场所，形成实时反映系统供需状况的价格，为金融市场提供一个合理的价格信号；辅助服务市场为修正现货市场出清结果与实际运行之间的偏差提供保障，确保电力系统安全稳定运行；金融市场为各市场成员规避现货市场价格波动风险提供了多样化的合约，合约的最终结算也以现货市场的价格作为依据。

1.2.1 电能量市场

北欧的电能量交易主要在现货市场进行，现货市场由日前现货市场和日内现货市场组成。北欧的现货市场主要集中在日前交易，平衡市场的交易量较稳定，而近几年受风电等间歇性电源快速发展的影响，日内市场的交易量呈现一定的增长趋势。

北欧日前现货市场由北欧电力交易所组织，采用"集中竞价，边际出清"的原则，市场成员在交易日前一天 12：00 之前通过网络交易平台提交次日各交易时段的申报电量和报价，报价类型主要包括小时报价、块报价和灵活报价。电力交易所根据买卖双方报价形成发用电曲线，发用电曲线交点即为系统电价，该价格是不考虑物理约束的日前现货市场的结算参考价格。北欧日前现货市场通过单一日前耦合系统与欧洲其他日前市场耦合，该系统考虑区域联络线传输容量约束，从而形成分区电价。

日内现货市场作为日前现货市场的补充交易市场，同样由北欧电力交易所组织，采用"高低匹配，先到先得"的原则。在日前现货市场关闭、日内现货市场可用容量发布后，持续滚动出清至交付前一个小时。日内现货市场主要应对机组实时出力变化或负荷预测偏差等系统平衡问题，随着可再生能源的大规模接入，发电机组出力预测难度增加，日内市场重要性逐渐凸显。

在市场机制方面，北欧各国形成了跨国互联市场。北欧各国电源互补，完备的跨国电力交换网络使得挪威高比例、大容量的蓄能水电站和芬兰的火电机组可作为灵活性电源，参与跨国互联系统的实时供需调节，以匹配丹麦高比例风力发电的波动性和间歇性，提高系统消纳可再生能源的能力。

根据北欧现货市场的交易规则，火电机组、水电机组和新能源机组等可以参与市场交易，电力公司为可再生能源发电商提供贷款担保和税收减免，同时制定固定上网电价政策以保障机组收益。丹麦为风电机组设置 335 欧元/（MW·h）的固定上网电价，同时风电机组可享受 3 欧元/（MW·h）的发电偏差财政补贴。瑞典为风力发电商提供地税减免，为光伏发电提供财政补贴。芬兰为可再生能源发电设置固定上网电价。

1.2.2　辅助服务市场

北欧各国对于辅助服务的定义、技术标准等各不相同，取决于其所在的控制区域是否由电力传输协会管辖。北欧辅助服务的分类包括以下几类。

（1）一级备用（基本控制）：包括频率控制的正常运行备用、频率控制的干扰备用、电压控制的干扰备用等。瑞典和挪威主要由水电提供一级备用；丹麦东部由火电提供，丹麦西部由风电提供；而芬兰则利用水电和火电联合及直流联络线共同提供。

（2）二级备用：自动发电控制（AGC）作为二级调节，不适用于北欧电网，仅适用于丹麦西部电网。

（3）平衡服务（三级备用）：包括快速有功扰动备用、快速有功预测备用、慢有功扰动备用和峰值负荷备用。

（4）无功备用：配置须满足"充分大、就地平衡、避免跨子系统交换"的核心原则。

（5）其他辅助服务：包括减负荷、负荷跟踪、系统保护、黑启动、辅助服务的平衡结算及金融服务等。

从市场主体来看，符合条件的发电商以及各国的输电系统运营商（TSO）都可参与一级备用和平衡服务，但是用户作为需求侧并未参与。就北欧的一级备用、平衡服务而言，对于不同的辅助服务，北欧各国的结算方式、合同期限、调度原则、准入要求等也不尽相同。北欧辅助服务根据提供给运营商的信息来平衡系统。每个辅助服务都有自己的实时监控系统和规划系统。平衡过程中的重要部分是比较计划数据与实时测量数据，为平衡操作提供有价值且即时的信息。北欧运营平衡过程可以视为一个长期过程，从多年前开始与备用供应商签订长期容量合同，涵盖长期到短期停电计划和互连能力规划，最终达到电力预测平衡和动态稳定。

北欧国家中，备用提供者通常得到两种报酬：一是由 TSO 提供的每兆瓦容量补偿；二是当 TSO 需要备用时实际提供或收到的每兆瓦时的能量补偿。理论上，由 TSO 做出的补偿应该与备用成本一致。在竞争的环境下，一个发电商的收入由其在市场中可能实现的收入来决定。一个公平的备用价格应该满足两个主要条件：一是保证生产者提供备用的成本得到补偿，确保备用连续提供；二是足以吸引生产商向 TSO 至少提供一定比例的备用容量。

1.2.3 电力金融市场

目前，北欧电力金融市场与现货市场紧密联合、协调运行，两者互相促进。现货市场的高效运作、价格稳定提高了金融市场的流动性，金融市场的交易活跃、品种多样也帮助市场成员规避了现货市场的价格波动风险。北欧电力金融市场交易量是现货市场交易量的若干倍，交易量远大于英国。

北欧电力金融市场早期由北欧电力交易所（Nord Pool）负责，2008 年转由纳斯达克交易所（NASDAQ OMX）负责运行。北欧电力金融市场成员众多，交易品种多样，为参与主体提供了很好的价格对冲与风险管理手段。目前，北欧电力金融交易品种包括远期合约、期货合约、期权合约和差价合约，以现货市场价格为参考。交易主体范围除北欧外，已扩展至德国、荷兰和英国。交易时间跨度包括日、周、季度、年，最长可达 6 年。上述金融合约均采用现金结算的方式，不需要实际物理交割。期货合约以日、月为周期，且与现货市场电价联动，称为市场联动日结算,即通过将合同的套期保值价格与合同期间的平均系统价格进行比较来结算。最终结算金额为合同价格与合同期间的平均系统价格的价差乘以合同容量。

在期权交易中,期权的买方拥有决定一笔交易是否成交的权利,并付给期权卖方一笔权利金。如果买方根据期权条款要求履行合同,卖方必须履行。如果期权买方没有行使该权利,或者期权失效,则这笔权利金就成了期权卖方的收入和期权买方的损失。

北欧的差价合约与传统的差价合约有所差别,反映了区域电价和北欧系统电价之间的差异。它是专门为规避阻塞产生的价差风险而设置的,允许成员对冲由输电阻塞引起的价格风险,以区域价格和系统电价的差价作为参考电价进行结算。

1.2.4 绿色证书市场与碳市场

北欧在配套市场体系方面包括了可交易绿色证书市场和碳排放交易体系。

可交易绿色证书的初始核发对象为可再生能源电力生产者,每 1MW·h 可再生能源电量核发 1 个绿色证书,义务实体(如发电商、电力供应商)每年需满足由当局确定的绿色证书配额,绿色证书价格则由市场决定。2012 年,瑞典-挪威联合绿色证书市场建立,该市场提出 2020 年底前完成两国可再生能源发电量提高 26.4TW·h 的目标。20 世纪 90 年代末,荷兰自发建立了一个绿色证书交易系统,开始推广绿色电力,旨在促进荷兰可再生能源行业的发展。最近几年,荷兰用户对绿色证书的需求日益高涨。荷兰绿色证书经过多年实践,通过能源市场自由化方式,给予绿电生产商强制上网和额外补贴,经过独立的认证体系,打通绿电消费和生产两端的互相激励模式。它是调整一个国家能源结构、促进可再生能源产业可持续发展的利器。

欧盟碳排放权交易体系采用"总量控制与交易"模式,对电力行业的碳排放实施总量控制，交易体系内的实体可在碳交易限额内进行拍卖交易。北欧各国设置的碳免税额各不相同，但碳税政策均主要在能源行业实行。

根据北欧碳市场的交易规则，目前火电机组参与碳市场的交易。电力企业通常采用两个手段来保值及盈利。一是通过发电燃料、发电量和碳配额的跨市场交易进行套期保值。企业选择在电力市场卖出一定比例的发电量远期，再买入满足未来发电用的燃料远期和碳配额远期来锁定碳价。二是通过市场的价差进行套利操作，有两种操作方式：一种是利用一级市场（拍卖）和二级市场之间的价差进行套利；另一种是通过碳配额与核证减排等不同碳资产之间的现货或期货价差进行套利。除此之外，许多电力企业会成立专门的碳资产管理部门来负责在碳市场中的投资和交易，以便巩固企业的市场地位并增强企业实力。

1.3 澳大利亚

1.3.1 电能量市场

澳大利亚国家电力市场为单一能量市场，并无容量市场设置，因此，发电机组必须通过电能量市场或金融市场出售电力。澳大利亚国家电力市场使用现货价格作为电力物理交割和金融交易的结算基础。

澳大利亚电力现货市场以电能和辅助服务为交易标的，现货市场交易间隔为30min，主要内容包括市场主体报价、系统充裕性评估、预调度和实时调度及结算出清，市场成员须在运行日前一日12:30之前提交运行日的每5min报价曲线，澳大利亚能源市场运营机构须在运行日前一日14:30前发布短期系统充裕性评估结果，并于运行日前一日

16：00 前发布预调度计划。预调度计划是根据发电企业报价、用电负荷预测及电网运行状态，在实时调度前对系统运行方案的预测，预调度价格并不用于出清结算。在运行日，市场运营机构每 5min 进行一次实时调度并发布各区域参考节点的电力现货价格和辅助服务价格，其中电力现货价格为每个交易时段六次实时调度价格的平均值。

在价格管制方面，采用动态价格上限和静态价格上限对市场力滥用引起的价格波动进行综合管控，其中静态价格上限根据经济发展水平进行调整。当报价超过静态价格上限时，则会被限定在该值。当现货市场连续 7 天滚动价格总和超过动态价格上限时，市场价格将被设置为一个固定值。

根据澳大利亚电能量市场的交易规则，对新能源机组（主要是光伏）参与交易采取的激励政策是固定上网电价。固定上网电价政策是各州为安装于家庭或小型企业的小规模可再生能源发电系统（主要是光伏）接入电网的多余电量部分支付的电力费用。该政策目前已与可再生能源目标联合在各州政府实行，具体上网电价费率因地区和电力供应商而异。政府的激励政策使得澳大利亚人均屋顶光伏装机容量为世界最高，其中光伏并网率最高的地区为南澳州和昆士兰州，在这两个地区有超过 30％的用户安装了家庭光伏系统。

1.3.2 辅助服务市场

澳大利亚的辅助服务分为频率控制辅助服务、网络支持控制辅助服务和黑启动辅助服务等。

能源市场运营商负责能源市场的运营，统一购买辅助服务以保证电力系统安全、可靠运行。能源市场运营商作为平台，既可以向市场参与者购买有偿辅助服务，也可以向市场参与者收取其购买辅助服务的费用。

频率控制辅助服务报价方式与实时电力基本相同，分价格和容量两部分，报价方案包含 10 个价位，每个价位对应不同的可提供调频辅助服务容量数，报价从高到低排序。发电容量由调频辅助服务梯形图决定，梯形图通过启用限制和断点定义。澳大利亚频率控制辅助服务市场同能量市场联合出清，市场出清分为预出清和实时出清。预出清分为全日报价及滚动调整，全日报价即一次性报下个交易日的价格；滚动调整每 5min 更新未来 1h 内每 5min 节点上预出清和发电安排，整点和半点更新未来 1h 往后每 30min 节点上预出清和发电安排。各个价区主辅市场电力价格在市场出清时同步公布。

根据澳大利亚辅助服务市场的交易规则，火电机组和新能源机组（风电、光伏）参与市场交易。调频服务市场规模从 2015 年第三季度的 700 万澳元升至 2019 年第三季度的 6000 万澳元，市场规模扩大了几百兆瓦，其中燃煤机组是最大受益者，而风电、光伏机组和用户则需为辅助服务买单。调频服务市场近半的收入流向了燃煤机组，而储能系统和需求响应的市场份额也迅速扩大。通过调频服务，燃煤机组的收入已经提高了 1~5 澳元/（MW·h）。支付调频补偿费用的是用户和新能源发电机组。部分光伏项目因此备受打击，支付给调频燃煤机组的补偿达到 12 澳元/（MW·h）。在澳大利亚国家电力市场 NEM 中，电池储能已经成为电网中调频辅助服务的主要来源。根据澳大利亚电力市场运营商 AEMO2022 年发布的数据，这是有史以来首次电网调频主要来源于电池储能系统，其在 8 个不同的调频市场中占据了 31% 的市场份额，比燃煤和水电（占据 21% 份额，并列第二）多出 10%。

1.3.3 电力金融市场

从市场体系来看，澳大利亚建设电力金融市场有效补充完善了其电力市场体系。电力金融市场的期货、期权和差价合约等衍生品工具组合，有效抑制了现货市场中剧烈的价格波动，起到了发现电力商品真实价值的作用。发电商、零售商与部分大用户可直接参与电力金融衍生品市场的交易。经纪商自身没有发电资产和负荷，为买方和卖方牵线搭桥签订合约，并从中收取佣金。由于澳大利亚电力金融市场采取现金结算方式，以投资银行、基金公司、期货公司等为代表的传统金融市场主体也能够参与电力市场，部分金融投资机构为了自身的投资需求甚至可能介入现货市场，比较典型的例子是麦考瑞银行为了完备电力金融领域的资产组合而购置了实体发电资产。

从市场准入来看，引入多元化的市场主体有助于提高市场流动性。澳大利亚电力金融市场的交易主体除了传统的发电商、用户和售电公司外，还包括不拥有发电或者负荷实体的投资机构。投资机构的参与有助于提高市场的交易量和资金量，从而进一步增强电力金融市场的流动性。

从交易产品来看，场内交易与场外交易产品并存是电力金融市场的典型形态。标准化的产品受到严格监管，在交易所内进行交易，流动性较高；非标准化的产品可进行场外交易，但结算可委托交易机构进行。场外产品的类型丰富，但场内产品的交易量更高。电力金融市场的起步阶段通常从远期合约、差价合约起步；当现货市场发展到一定阶段后，开始引入电力期货与电力期权，二者会成为电力金融市场中最常见的交易产品；为了增强市场活跃性和提高运行效率，还开发了数量众多的个性化金融工具，但主要的交易仍在场内进行。

从交易组织来看，电力金融市场与现货市场由不同机构独立组织运行。由于电力金融市场与电力现货市场的运行相对独立，由不同的机构分别组织运营也是大多数国家采取的方式。澳大利亚证券交易所（ASX）负责场内衍生品的交易组织（2006年，悉尼期货交易所SFE与ASX合并，成为澳大利亚国内最大的一家证券、商品、利率和期货交易所）；同时，大部分市场主体还会自主进行场外衍生品的双边交易。从交易品种来看，澳大利亚电力金融市场的交易产品主要包括电力期货、电力期权和差价合约等，标的重点关注4个主要区域市场。就场内交易市场而言，ASX 目前提供 7 种不同的电力期货和期货期权；就场外交易市场（OTC）而言，包括掉期合约、现货期权、掉期期权、亚式期权、领式期权等。近 10 年来，澳大利亚的电力金融市场交易主要以场内交易为主，在 OTC 和 ASX 交易的电力金融产品覆盖 80% 以上的电量。

从结算机制来看，澳大利亚采用现金结算的模式。这与澳大利亚电力金融市场与现货市场分开运营的交易组织模式也是匹配的。美国及欧洲大部分国家均采用现金结算的模式。当市场化交易程度越高时，现货市场成交结果与金融合同标的不匹配的可能性越大，电力金融合同物理执行的难度也越大，而现金结算模式能够在电能难以大规模储存和供需实时平衡的特性下满足市场化交易需求。

从风险防控机制来看，执行严格的仓位管控。澳大利亚场内交易的电力期货并没有实行涨跌停板制度。为了有效管理风险，期货交易所对客户的仓位进行了严格管理：对每个客户实行以资本为基础的持仓限制要求，持仓限制标准为客户净有形资产或净流动资产的 2 倍；在每个交易日结束时，监控客户的衍生品总仓位；在市场价格发生剧烈波动的特殊时期，要求额外提高客户保证金比例；根据实际情况，临时设定客户交易限制，或强制要求客户平仓。

第 2 章 我国多元发电主体参与电力市场现状分析

随着电力体制的深化改革,我国电力市场体系结构逐步完善。"双碳"目标的提出,使建设实现"双碳"目标的具有中国特色的新型电力市场体系成为必然。本章梳理了我国电力市场发展现状、现阶段取得的成果和相关政策,阐述了"双碳"目标下火电、新能源、水电、核电等各类发电主体参与电能量市场、辅助服务市场、碳市场等现状,并分析了各类发电主体参与市场化交易的困难及主要问题。

2.1 电力市场发展情况

2.1.1 电力市场发展情况概述

在电力体制改革之前,我国长时间沿用行政主导的计划经济模式。20 世纪末,我国开始将经营权逐步交给企业。1997 年到 2002 年为中国第一轮电力市场化改革时期。这一阶段,我国电力行业实现政企拆分,并逐步在发电侧引入竞争机制。2002年到2015年为中国第二轮电力市场化改革时期。2002年2月，国务院发文开始实施电力体制改革，其目的在于进一步优化竞争机制，增加电源电网投资，强化电力工业效率。2015年3月，国务院再次发文实施新一轮电力体制改革，实施"管住中间、放开两头"的体制架构，这标志着新一轮电力市场化改革大幕的开启。具体而言，坚持以市场化交易为中心，有序放开竞争性业务和竞争性环节电价，加强政府对自然垄断环节的监管，优化电力资源配置，还原电力商品属性，拓宽社会投资渠道，改善供电服务质量，形成主要由市场决定电价的机制，构建有效竞争的电力市场体系。让电力回归商品属性是电力体制改革的归宿。按照电力体制改革"管住中间、放开两头"的思路，我国电力市场化改革进程不断加快，发用电市场竞争格局逐步建立。"基准价+上下浮动"、工商业用户取消目录电价转为市场价格等电价机制逐步形成，全国统一电力市场体系构建加速推进。

2022年1月，国家发展改革委、国家能源局下发《关于加快建设全国统一电力市场体系的指导意见》。该意见提出2025年全国统一电力市场体系初步建成、2030年全国统一电力市场体系基本建成的目标。这一战略部署有利于打破电力交易省间壁垒，发电及用电侧电力交易自主权有望得到进一步提升，通过减少地方政府对电力市场的行政干预，电力市场化程度有望进一步提升。

我国最近一次电力体制改革的重要特征是以顶层设计为主，充分调动各方参与的积极性。各省在参考学习国外成熟电力市场经验的基础上，结合省网实际情况，因地制宜，探索创新，形成了百家争鸣、百花齐放的中长期市场和现货市场，推动了本轮电力体制改革的落地，并在诸多方面取得了一定成就。

一是电力市场体系逐步完善，市场化交易不断增长。我国已初步形成在空间范围上覆盖省间、省内，在时间周期上覆盖多年、年度、月度、月内的中长期交易及日前、日内现货交易，在交易标的上覆盖电能量、辅助服务、合同转让、可再生能源消纳权重等交易品种的全市场体系结构。目前省间、省内中长期市场已较为完善并常态化运行。

中国电力企业联合会（简称中电联）数据显示，2021年，全国各电力交易中心累计组织完成市场交易电量37 787.4亿kW·h，同比增长19.3%，占全社会用电量比重为45.5%，同比提高3.3个百分点。省内交易电量（仅中长期）合计为30 760.3亿kW·h，省间交易电量（中长期和现货）合计为7 027.1亿kW·h。国家电网区域各电力交易中心累计组织完成市场交易电量29 171.5亿kW·h，占该区域全社会用电量的比重为44.5%；南方电网区域各电力交易中心累计组织完成市场交易电量6 702.8亿kW·h，占该区域全社会用电量的比重为46.6%。市场主体方面，国家电网区域电力交易平台已累计注册各类市场主体36.60万家，同比增长85.0%；南方电网区域电力市场注册的市场主体共8.98万家，同比增长39.9%。

二是我国省间电力交易体系已基本建成。《北京电力交易中心跨区跨省电力中长期交易实施细则》经多轮修订后于2021年9月正式印发，成为落实《电力中长期交易基本规则》的操作细则，为市场主体参与跨区跨省电力中长期交易提供依据。细则在年度、月度交易的基础上，增设月内（周、多日）交易。省间现货方面，在2017年7月出台的《跨区域省间富余可再生能源电力现货交易试点规则（试行）》实施下，2020年，国家电网实现了跨区域省间富余可再生能源电力现货交易全覆盖。在此基础上，2021年11月，国家电网印发了《省间电力现货交易规则（试行）》，计划在国网公司和内蒙古电力公司范围内启动试点交易。此次规则不仅放开售电公司、电网代购、电力用户参与省间电力现货交易，使市场范围由跨区域省间扩大到所有省间，还将市场定位在落实省间中长期交易基础上，利用省间通道剩余输电能力，开展省间日前、日内电能量交易的省间电力现货交易，实现覆盖全国大部分省份的空间维度，覆盖多种能源的电量交易，对建立完整的电力市场体系起到了重要的衔接和支撑作用。其运行标志着我国完整、统一的省间电力交易体系已经基本建成。

三是电力价格市场化改革得到深化。近期全国统一电力市场以省间、省内市场"统一市场、两级运作"起步,主要开展中长期、现货电能交易和辅助服务交易,建立容量成本回收机制。初期用户侧可采用"不报量接受价格"或"报量接受价格"的方式参与现货市场,具备条件的地区可"报量报价"参与现货市场;逐步引入需求侧资源、虚拟电厂、储能等新兴主体参与市场交易。考虑到市场主体成熟度、非市场化用户保底供电等因素,省间市场购电初期以电网公司代理用户(售电公司)购电为主,可采用点对网、网对网交易模式,在经济水平和电价差异相对较小的区域开展省间点对点交易试点。

省间市场壁垒逐步打开,省间、省内市场逐步融合。通过交易机制耦合,省间和省内市场可逐步形成"统一申报、联合出清"模式,即将各省总体购、售电需求及价格统一在省间平台申报,省间开展考虑主要断面、输电通道的优化出清,省内根据出清结果,再组织省内交易。随着融合程度的加深,可进一步过渡到"统一申报、统一出清"模式,即各省总体购、售电需求及价格统一在省间平台申报,省间综合考虑全网电力平衡、输电能力等因素,开展全局优化出清。考虑到电网控制区格局,实时市场仍按电网控制区范围组织管理。随着国家区域协调发展战略的推进,在适应大范围集中优化交易的输配电价机制逐渐形成后,部分经济水平和电价差异相对较小的地区可逐步融合形成区域电力市场,纳入省间市场整体运作。

四是中长期交易落实"六签",绿色电力交易方案出台。"六签"工作要求包括全签、长签、分时段签、见签、规范签、电子签六方面内容,旨在全面深化电力市场化改革,构建更加完善有序的市场体系和市场结构。中电联公布的数据显示,2021年,全国电力市场中长期电力直接交易电量合计为30 404.6亿 kW·h,同比增长22.8%。其中,省内电力直接交易电量合计为 28 514.5 亿 kW·h，省间电力直接交易（外受）电量合计为 1 890 亿 kW·h，分别占全国电力市场中长期电力直接交易电量的 93.8% 和 6.2%。此外，广州电力交易中心已于 2021 年 12 月在全国范围内率先完成 2022 年电力中长期合同签订工作，交易成交规模达 2 423 亿 kW·h（落地端），创历史新高，超过近三年平均送电规模，市场主体参与率达 100%，并首次实现所有"网对网""点对网"交易全量签约，还提前锁定了 2022 年南方区域跨省区送电安排，其中西电东送电量达 2 308 亿 kW·h。2021 年国家发展改革委制定《绿色电力交易试点工作方案》，方案称绿色电力交易将在现有中长期交易框架下，设立独立的绿色电力交易品种。参与绿色电力交易的市场主体，近期以风电和光伏发电为主，逐步扩大到水电等其他可再生能源。绿色电力交易优先安排完全市场化上网的绿色电力，进一步体现能源的绿色属性和价值。中电联公布的数据显示，2021 年省内绿色电力交易规模为 6.3 亿 kW·h。

五是售电侧改革持续推进。国家发展改革委、国家能源局印发《售电公司管理办法》，用以替代已经执行了 5 年的《售电公司准入与退出管理办法》。新版管理办法明确了售电公司注册条件、注册程序及相关权利与义务等内容，共计 9 章 46 条。其有三个亮点：一是注册条件和注册程序更有针对性；二是更加注重售电公司动态管理和风险管理；三是启动保底售电服务，衔接电网企业代理购电机制。

增量配电业务改革方面，国家发展改革委、国家能源局批复了五批 459 个增量配电业务改革试点项目。中国能源研究会配售电研究中心与华北电力大学国家能源发展战略研究院联合发布的《2021 年增量配电发展研究白皮书》显示，有 292 个试点完成配电网规划编制，300 个试点确定业主，240 个试点业主单位通过工商注册，224 个试点公布股比。共计 220 个试点确定供电范围，其中第一批有 85 个，第二批有 50 个，第三批有 53 个，第四批有 29 个，第五批有 3 个。共计 185 个试点取得

《电力业务许可证(供电类)》。在"双碳"目标下,分布式能源的开发和利用成为重点,而增量配电能够提供源网荷储一体化方案,促进分布式能源的就近消纳。2021年2月25日,国家发展改革委、国家能源局印发文件鼓励社会资本等各类投资主体投资增量配电网项目,支持分布式电源开发建设和就近接入消纳,结合增量配电网等工作,开展源网荷储一体化绿色供电园区建设,为增量配电网的健康发展提供了新的思路。

六是新版"两个细则"的出台推动运营规则持续完善。全国6个区域电网和30个省级电网已启动电力辅助服务市场,实现各区域、省级辅助服务市场全面覆盖,电力辅助服务市场体系基本建立。2021年,在应对电力紧张的过程中,电力辅助服务发挥了积极作用。全国通过辅助服务市场挖掘调峰能力约9 000万kW,增发清洁能源电量约800亿kW·h。

2021年,辅助服务市场建设速度加快,运营规则持续完善。国家能源局11月发布《关于强化市场监管有效发挥市场机制作用促进今冬明春电力供应保障的通知》,要求中长期保供应稳定、辅助服务保安全运行、应急调度保突发处置。通知还强调激发需求侧等第三方响应能力,结合用户侧参与辅助服务市场机制建设,全面推动高载能工业负荷、工商业可调节负荷、新型储能、自备电厂、电动汽车充电网络、虚拟电厂、5G基站、负荷聚合商等参与辅助服务市场。国家能源局12月印发了新版"两个细则",即《电力辅助服务管理办法》和《电力并网运行管理规定》,对电力辅助服务主体、交易品种,以及补偿与分摊机制做了补充深化。新增了包括新能源等发电侧主体、新型储能、负荷侧并网主体等并网技术指导及管理要求,新增了转动惯量、爬坡、稳定切机、稳定切负荷等辅助服务品种,建立了用户参与的分担共享机制。跨区跨省电力辅助服务机制陆续出台。除了《电力辅助服务管理办法》明确跨省跨区电力辅助服务机制外,《新型主体参与华中电力调峰辅助服务市场规则(试行)》《川渝一体化电力调峰辅助服务市场运营规则(试行)》也相继发布,国内首个调峰容量市场机制在华北电力调峰容量市场正式启动。

近年来,我国电力市场建设进程大大加快,对电力数据分析和市场机制设计也提出了更高的要求。第一,随着一般工商业用户全部进入市场,电力交易的高效运行要求交易组织者对发电主体基础数据有系统的把握。目前,交易中心对电网侧数据的认识较为充分,但对发电主体的基础数据了解较少,亟须开展针对发电主体数据特性的基础研究,从而对大规模电力交易的供需情况进行预测,保障电力市场的有效运行。第二,随着以新能源为主体的新型电力系统的构建,新能源取代传统能源已成为必然趋势,然而现阶段新能源生产成本较高,进入电力市场后尚不具备与传统能源平等竞争的地位,需要通过合理的机制设计辅助新能源消纳和参与电力市场交易。同时,传统能源仍需要在新型电力系统中继续发挥容量支撑和辅助服务的关键作用,需要合理的市场机制保障其可持续发展。在"双碳"目标下,各类发电主体参与电力市场交易的需求与交易方式都将发生改变,亟须通过创新交易机制来提高市场的运行效率,促进交易双方相互匹配、协同互动,推动电力市场的良性、可持续发展。

2.1.2 电力市场相关政策分析

2020年9月22日,习近平主席在第七十五届联合国大会一般性辩论上宣布"双碳"目标。[①] 自此,能源结构转型重点强调了"低碳"这一关键要素,为能源领域,特别是电力行业的发展提出了绿色低碳要求。建设具有中国特色的新型电力市场体系是实现"双碳"目标的必然要求。在"双碳"目标下,电力市场需发挥"保供应、促转型、促发

---

① 新华网:《习近平在第七十五届联合国大会一般性辩论上的讲话(全文)》,http://www.qstheory.cn/yaowen/2020-09/22/c_1126527766.htm。

展、提效率"等方面的重要作用,满足我国经济社会高质量发展和能源电力清洁低碳转型的需要。政府层面也密集出台了若干政策推动"双碳"目标实现,促进能源结构绿色低碳转型。2021—2022年,我国发布的主要"双碳"相关政策梳理如表2-1所示。

表2-1 我国"双碳"目标政策梳理

时间	政策名称	发布机关	政策内容
2021年3月11日	《中华人民共和国国民经济和社会发展第十四个五年规划和2035年远景目标纲要》	全国人大	单位国内生产总值能源消耗和二氧化碳排放分别降低13.5%、18%。落实2030年应对气候变化国家自主贡献目标,制定2030年前碳排放达峰行动方案
2021年3月19日	2021年国务院《政府工作报告》	国务院	单位国内生产总值能耗降低3%左右,主要污染物排放量继续下降。要扎实做好碳达峰、碳中和各项工作。制定2030年前碳排放达峰行动方案
2021年4月26日	《关于建立健全生态产品价值实现机制的意见》	中共中央办公厅、国务院办公厅	健全碳排放权交易机制,探索碳汇权益交易试点
2021年9月12日	《关于深化生态保护补偿制度改革的意见》	中共中央办公厅、国务院办公厅	加快建设全国用能权、碳排放权交易市场。健全以国家温室气体自愿减排交易机制为基础的碳排放权抵消机制,将具有生态、社会等多种效益的林业、可再生能源、甲烷利用等领域温室气体自愿减排项目纳入全国碳排放权交易市场
2021年10月10日	《国家标准化发展纲要》	中共中央、国务院	建立健全碳达峰、碳中和标准

续表

时间	政策名称	发布机关	政策内容
2021年10月24日	《关于完整准确全面贯彻新发展理念做好碳达峰碳中和工作的意见》	中共中央、国务院	作为碳达峰、碳中和"1+N"政策体系中的"1",意见为碳达峰、碳中和这项重大工作进行系统谋划、总体部署。提出10方面31项重点任务,明确了碳达峰、碳中和工作的路线图、施工图
2021年10月26日	《关于印发2030年前碳达峰行动方案的通知》	中共中央、国务院	到2030年,非化石能源消费比重达到25%左右,单位国内生产总值二氧化碳排放比2005年下降65%以上,顺利实现2030年前碳达峰目标
2021年11月30日	《贯彻落实碳达峰碳中和目标要求推动数据中心和5G等新型基础设施绿色高质量发展实施方案》	国家发展和改革委员会、中央网信办、工业和信息化部、国家能源局	到2025年,数据中心和5G基本形成绿色集约的一体化运行格局。数据中心运行电能利用效率和可再生能源利用率明显提升,全国新建大型、超大型数据中心平均电能利用效率降到1.3以下,国家枢纽节点进一步降到1.25以下,绿色低碳等级达到4A级以上。5G基站能效提升20%以上,在数据中心、5G实现绿色高质量发展基础上,支撑各行业(特别是传统高耗能行业)的数字化转型升级,助力实现碳达峰总体目标
2022年4月19日	《加强碳达峰碳中和高等教育人才培养体系建设工作方案见》	教育部	进一步加强风电、光伏、水电和核电等人才培养。适度扩大专业人才培养规模,保证水电、抽水蓄能和核电人才增长需求,增强"走出去"国际化软实力

第2章 我国多元发电主体参与电力市场现状分析

续表

时间	政策名称	发布机关	政策内容
2022年5月7日	《农业农村减排固碳实施方案》	农业农村部、国家发展和改革委员会	"十四五"期间,协同推进农业农村减排固碳的实施路径。到2025年,农业农村减排固碳与粮食安全、农业农村现代化统筹融合的格局基本形成。到2030年,种植业温室气体、畜牧业反刍动物肠道发酵、畜禽粪污管理温室气体排放和农业农村生产生活用能排放强度进一步降低,农田土壤固碳能力显著提升,农业农村发展全面绿色转型取得显著成效
2022年5月25日	《财政支持做好碳达峰碳中和工作的意见》	财政部	到2025年,丰富财政政策工具,初步建立有利于绿色低碳发展的财税政策框架。2030年前,基本形成有利于绿色低碳发展的财税政策体系,推动碳达峰目标实现。2060年前,财政支持绿色低碳发展政策体系成熟健全,推动碳中和目标顺利实现
2022年6月30日	《城乡建设领域碳达峰实施方案》	住房和城乡建设部、国家发展和改革委员会	2030年前,城乡建设领域碳排放达到峰值。城乡建设绿色低碳发展政策体制机制基本建立;城乡建设方式绿色低碳转型;城市整体性、系统性、生长性增强,"城市病"问题初步解决。力争到2060年前,城乡建设方式全面实现绿色低碳转型,系统性变革全面实现,城乡建设领域碳排放治理现代化全面实现
2022年7月7日	《工业领域碳达峰实施方案》	工业和信息化部、国家发展和改革委员会、生态环境部	到2025年,规模以上工业单位增加值能耗较2020年下降13.5%。"十五五"期间,工业能耗强度持续下降,努力达峰削峰,确保工业领域二氧化碳排放在2030年前达峰

续表

时间	政策名称	发布机关	政策内容
2022年11月2日	《建材行业碳达峰实施方案》	工业和信息化部、国家发展和改革委员会、生态环境部、住房和城乡建设部	2030年前建材行业实现碳达峰。"十四五"期间,水泥、玻璃、陶瓷等重点产品单位能耗、碳排放强度不断下降,水泥熟料单位产品综合能耗降低3%以上。"十五五"期间,建材行业绿色低碳关键技术产业化实现重大突破,原燃料替代水平大幅提高,基本建立绿色低碳循环发展的产业体系

2022年以来,我国相继出台多条电力市场相关政策。4月10日,中共中央、国务院发布的《关于加快建设全国统一大市场的意见》要求,健全多层次统一电力市场体系,研究推动适时组建全国电力交易中心。这为我国电力市场体系建设指明了方向。自我国2015年开启新一轮电力体制改革以来,完善电力市场建设就一直是改革的重中之重。电力市场化改革面临前所未有的多元目标挑战:一是我国用电负荷冬夏双峰特征日益明显;二是新能源将逐步成为主力电源,煤电将向保障基础性电源转变;三是新能源具有发电边际成本低、系统消纳成本高的特征。解决以上问题需要从更高层面完善顶层规划,加快建设全国统一电力市场体系。

2022年4月16日,国家发展改革委发布《电力可靠性管理办法(暂行)》,该办法与原《电力可靠性监督管理办法》相比,主要有三大变化:一是系统性完善了电力可靠性管理体系,二是革命性重塑了电力可靠性管理内容,三是全方位突破了电力可靠性管理理念。该办法的出台是电力可靠性管理工作的重大改革,对保障我国电力安全可靠供应和建设能源强国起到促进作用。除此之外,国务院还发文要求清理转供电环节不合理加价,对特困行业实行用电阶段性优惠。这也是继2022年的政府工作报告后再次提出要清理转供电环节不合理加价。自 2018 年以来，国家陆续出台一系列转供电加价清理政策，突出强调转供电主体不得截留降价红利的要求，目前已初显成效。

为了更好地分析"双碳"背景对我国电力市场发展与转型的影响，本书将能源双控/碳减排、新能源消纳和电力市场化改革相关政策联系起来进行综合分析，运用国家能源局和国家发展改革委检索平台进行检索，检索主题为能源双控/碳减排、新能源消纳、电力市场化改革，并进行分类，时间为 2020—2022 年，检索分类结果如表 2-2 所示。

表 2-2 "双碳"背景下我国电力市场相关政策

能源双控/碳减排	新能源消纳	电价市场化改革
《2020 年风电项目建设方案》	《关于促进非水可再生能源发电健康发展的若干意见》	《可再生能源电价附加补助资金管理办法》
《2020 年光伏发电项目建设方案》	《关于印发省级可再生能源电力消纳保障实施方案编制大纲的通知》	《电力中长期交易基本规则（征求意见稿）》
《中华人民共和国能源法（征求意见稿）》	《关于建立健全清洁能源消纳长效机制的指导意见（征求意见稿）》	《区域电网输电价格定价办法》
《关于开展"风光水火储一体化""源网荷储一体化"的指导意见》	《关于做好可再生能源发展"十四五"规划编制工作有关事项的通知》	《省级电网输配电价定价办法》
《关于促进非水可再生能源发电健康发展的若干意见有关事项的补充通知》	《关于建立健全清洁能源消纳长效机制的指导意见（征求意见稿）》	《关于做好电力现货市场试点连续试结算相关工作的通知》
《关于推进电力源网荷储一体化和多能互补发展的指导意见》	《关于印发各省级行政区域 2020 年可再生能源电力消纳责任权重的通知》	《电力中长期交易基本规则》
《关于报送"十四五"电力源网荷储一体化和多能互补工作方案》	《关于开展"风光水火储一体化""源网荷储一体化"的指导意见》	《关于延长阶段性降低企业用电成本政策的通知》

续表

能源双控/碳减排	新能源消纳	电价市场化改革
《国家能源局关于2021年风电、光伏发电开发建设有关事项的通知》	《关于推进电力源网荷储一体化和多能互补发展的指导意见》	《关于公布2020年风电、光伏发电平价上网项目的通知》
《关于加强县城绿色低碳建设的意见》	《清洁能源消纳情况综合监管工作方案》	《关于做好2021年电力中长期合同签订工作的通知》
《关于鼓励可再生能源发电企业自建或购买调峰能力增加并网规模的通知》	《关于报送"十四五"电力源网荷储一体化和多能互补工作方案》	《关于进一步做好电力现货市场建设试点工作的通知》
《"十四五"能源领域科技创新规划》	《关于进一步完善抽水蓄能价格形成机制的意见》	《关于2021年新能源上网电价政策有关事项的通知》
《关于做好新能源配套送出工程投资建设有关事项的通知》	《关于2021年风电、光伏发电开发建设有关事项的通知》	《关于进一步完善分时电价机制的通知》
《加快农村能源转型发展助力乡村振兴的实施意见》	《关于2021年可再生能源电力消纳责任权重及有关事项的通知》	《关于进一步深化燃煤发电上网电价市场化改革的通知》
《2022年能源行业标准计划立项指南》	《新型储能项目管理规范（暂行）》	《省间电力现货交易规则（试行）》
《"十四五"节能减排综合工作方案》《"十四五"东西部科技合作实施方案》	《关于加快推动新型储能发展的指导意见》	《电力辅助服务管理办法》
《"十四五"现代能源体系规划》	—	《电力并网运行管理规定》
《关于完善能源绿色低碳转型体制机制和政策措施的意见》	—	《关于加快建设全国统一电力市场体系的指导意见》

2.2 火电企业参与电力市场现状

发电工业是国民经济发展的重要基础产业，火电占据发电领域主导地位，是我国最主要的发电形式。2021年，全国火电发电量达56 463亿 kW·h，同比增长9.07%。当前火电企业承担着保供、调峰和系统稳定等多重任务。2020年以来，我国电力供给逐步走出过剩局面，局部地区出现供电紧张的情况，发生原因多为煤价居高、清洁能源短时发电下降以及火电投资逐年萎缩带来的尖峰电力装机不足等。因此，在能源绿色低碳转型过程中，随着新能源大规模接入，仍需保证足够的火电机组装机规模，在电力供需失衡的特殊情况下发挥火电的兜底保障作用。

火电机组的机电特性为电力系统稳定和平衡提供重要支撑。火电采用同步发电机技术，可以根据电网的频率、电压情况瞬时调整其有功和无功功率输出，在维持电力系统稳定性和故障穿越能力方面，较风电和光伏具有显著的优势。此外，火力同步发电机还可以提供真实的转子机械惯性，抵御电力系统中发生的扰动，这是新能源发电设备所不具备的特性。因此，新型电力系统中仍需维持一定比例的同步火电机组，保障系统频率稳定和电压稳定。

2.2.1 火电企业参与电能量市场现状

按时间尺度看，火电企业参与电能量市场的形式可分为中长期交易和现货交易。

1. 中长期电力市场

中长期电力市场以年、季、月、旬、周、多日为周期开展交易，交易方式包括双协、竞价、挂牌、发电权转让等多种类型。不同的电力交易产品可以采用场外交易或场内交易的方式。场外交易可以是购售电双方直接协商签订电力中长期交易合同，还可以通过经纪人撮合，由购售电双方签订电力中长期交易合同。场外交易是非标准化电力产品交易，交易双方可以根据需要约定合同执行期、特定的分时购售电曲线或分时购售电曲线的形成规则、分时/不分时结算价格或结算价格计算公式，以及代理用户在电力现货市场购电、用户偏差电量兜底及其结算条款等。场内交易通常是在政府机构批准的交易平台上的标准化电力产品交易，分别在电力现货交易平台（如电力调度中心、电力现货交易所、独立系统运营机构等）、电力中长期交易平台（如电力交易中心、电力交易所等）和电力金融衍生品交易平台（如电力期货商品交易所等）上开展。

在我国，市场主体在达成电力中长期交易意向后，需要将交易意向（草签合同）提交给市场运营机构（电力调度机构）进行电网安全校核，通过后可正式签署交易合同。在合同执行期，合同双方需要在电力现货市场运行规则规定的时间向电力调度机构提交次日合同电力交割曲线，经电力调度机构日前电网安全校核通过后，次日进行电力交割。如果遇到系统输电阻塞，电力调度机构就会以再调度方式——根据日内和实时（平衡）市场的市场主体报价，按照消除阻塞成本最小的原则购买调增和调减机组出力或需求侧资源，不影响市场中每笔双边合同的电力交割和结算。

2. 现货电力市场

现货市场则以日前、日内、实时为周期开展交易，标的物为电能。在现有的交易机制下，发电企业的收益将由中长期合约收益、现货电能量交易收益及辅助服务三部分组成，交易策略需平衡三种交易的量、价组合，寻找最优策略以实现收益最大化。

电力现货市场的交易、调度、交割与结算之间的关系，依市场模式不同而有所不同。在集中式电力市场中，除少数肩负保障电网安全稳定

第 2 章 我国多元发电主体参与电力市场现状分析

运行的机组之外,所有集中式电源的上网电量都要通过电力现货市场交易。将日前市场和实时市场出清的机组发电曲线作为发电调度计划曲线,实现电力交割,并按照市场结算价格结算。市场结算价格可以是市场出清价格;如果市场出清时段时长为 5min,市场结算时段时长为 15min,市场结算价格就是 15min 内 3 个 5min 市场出清价格的加权平均值或算术平均值;如果市场出清采用节点边际电价,市场结算采用区域电价,各区域市场结算价格就是相应区域内各节点市场出清价格的加权平均值。除自备电厂用户之外,所有电力用户(或其购电代理商)都要按时段用电量和市场结算价格在现货市场结算。在分散式电力市场中,通过电力中长期交易被满足的那部分需求,不需要在电力现货市场重新购电;电力中长期合同之外没有被满足的电力需求,在电力现货市场申报购电需求。发电企业向电力调度机构申报电力中长期合同交易的分时交易电量(交易曲线),相应部分的发电能力不再到现货市场报价,剩余的发电能力到现货市场报价,参与现货市场竞争。

合理的市场化交易策略是保障火电企业盈利的必要条件。电力现货市场的开展,对火电企业的市场化交易策略提出了更高的要求。在现货市场交易中,火电企业为实现利润最大化,必须要做到知己知彼、精准预测、最优决策。

首先,知己即成本分析,指火电企业制定交易策略必须基于对自身成本的精准测算,时间精度要细化到短期甚至超短期来满足电力现货报价的需要。通过建立成本分析和管控模型,借助信息化手段完成不同类型机组、各种运行方式下的边际成本测算。知彼即对外部环境的洞悉,指火电企业制定交易策略必须基于对市场供需情况(影响竞争态势)、电网阻塞情况及检修计划(影响输送能力)、天气环境(影响用电负荷及新能源发电)等外部环境的分析,通过信息化手段完成对信息的收集、整理和分析。其次,精准预测是指对价格的预测,火电企业制定交易策略必须要对市场价格走势进行准确预测,通过大数据分析技术或者电力现货交易模拟仿真等方式，进行市场中长期、短期、超短期价格预测。最后，形成最优决策需要进行"分析预测—策略寻优—复盘评估"，指火电企业结合自身成本、外部环境、价格预测和自身风险偏好，通过大数据、云计算等信息化手段，制定每次交易的策略，再通过"分析预测—策略寻优—复盘评估"形成闭环，反复迭代形成最优决策。另外，传统的营销管理信息系统已远远不能满足现货市场环境下的交易业务需求，因此智能化的辅助交易决策系统将成为发电企业实现利润最大化的必要支撑。

2.2.2 火电企业参与辅助服务市场现状

电力市场辅助服务是指为维护电力系统的安全稳定运行，保证电能质量而提供的一系列辅助措施。辅助服务机制的建立，一方面拓展了国内辅助服务市场的空间，另一方面为火电企业增加收益创造了条件。据国家能源局统计，2021 年上半年辅助服务市场交易费用共 110.1 亿元，其中调峰费用占比 84.3%，调频费用占比 15.3%，有效缓解了提供调峰、调频等辅助服务的煤电企业生产经营压力。

近年来，我国火电灵活性改造受到重视。2021 年 11 月，国家发展改革委、国家能源局发布《关于开展全国煤电机组改造升级的通知》，推动煤电行业实施节能降耗改造、供热改造和灵活性改造，实现"三改"联动，严控煤电项目，发挥煤电的兜底保障作用和灵活调节能力，实现减排、减污、降能耗，提供综合服务，实现角色转变，为加快构建以新能源为主体的新型电力系统，推动煤炭和新能源优化组合，提升火电系统的灵活性和调节能力，对实现能源系统低碳转型具有重要意义。

要推动火电灵活性改造，进一步建立完善的市场机制和电价体系，辅助服务将是其中至关重要的一项内容。深度参与煤电灵活性改造的价格政策和成本疏导机制研究，持续推进中长期市场、现货市场、辅助服务和容量补偿机制的协调发展，可使灵活性改造机组获得科学、合理、可持续的收益，激发火电灵活性改造的积极性，为构建多层次统一电力市场体系创造有利条件。火电机组经灵活性改造之后，其灵活性调节能力将得到有效提升，进行灵活性改造之后的火电机组能够进行深度调峰，可有效促进可再生能源的消纳，但也将挤占火电机组的发电空间，导致其电量收益减少。

为了保证火电机组的经济效益，近年来多个区域或省份纷纷启动调峰辅助市场，通过惩罚或者补偿的方式激励火电机组进行深度调峰，其基本原则是：进行深度调峰的火电机组获得调峰收益，新能源电站与未参与深度调峰的火电机组支付调峰分摊费用。各发电主体的调峰收益为其下属各机组的调峰收益之和，调峰分摊费用为其下属各机组的调峰分摊费用之和。因此，调峰收益与调峰分摊费用的计算方法会对各发电主体的调峰收益与调峰分摊费用产生影响，进而影响发电主体的火电机组灵活性改造决策。火电企业需要在电力辅助服务市场获取相应回报，并通过高容量价值参与辅助备用服务，在电力容量市场获取合理稳定的收益。

2.2.3　火电企业参与碳市场现状

随着碳交易的启动，火电企业将面临经营指标保增长和碳排放指标稳降低的双重压力。全国碳市场在给火电企业发展带来新的挑战的同时，也为企业全面改善经营管理、实现低碳可持续发展带来新的机遇。当前阶段，火电企业亟须紧跟全国碳市场的规划部署，利用好碳交易市场建设的准备期，全面提升碳管理的业务水平，建立完善的碳资产交易策略，从而有效应对碳交易的价格风险和市场风险。

碳排放交易市场给火电企业带来了不可忽视的影响。2021年，发电行业作为市场主体参与全国碳市场第一履约周期正式启动。随着碳排放交易市场的不断发展，免费配额比例将逐步降低，有偿分配的占比将逐步提高，同时，在"双碳"目标的推动下，碳排放交易市场的压力传导机制将逐步显现，碳价将趋于更加合理。

火电企业的碳交易策略可以从优化碳资产管理入手，通过完善制度等实现碳资产优化管理。企业应完善碳管理组织架构，建立健全碳管理各项制度，开发建设碳资产管理平台，实现企业碳资产的集中管理和合理配置。火电企业应规划 CCER 项目开发规模和进度，根据配额盈缺情况，确定可抵消量与抵消方案，从而实现更多的碳资产价值。建立配额/抵消额管理体系，抓住恰当时机在市场中储备一定的 CCER 减排量，降低企业的履约成本。同时，利用碳减排指标抵消自身碳排放，准确评估碳排放情况，根据配额盈缺预测，制定最优交易策略。

2.3 新能源企业参与电力市场现状

我国新能源发电以风力发电、太阳能光伏发电为主。在国家一系列能源战略规划、"双碳"目标的指导下，随着中国能源结构的调整、中国经济活力的恢复，以及对环保的越发重视，我国新能源产业宏观发展势头良好，新能源发电项目呈现爆发式增长，自 2010 年以来，新能源产业发展向好，风电和光伏装机容量和发电量屡创新高。

2017—2021 年，新能源发电装机容量逐年上升。2021 年，我国新能源发电装机容量达到 11.2 亿 kW，占总发电装机容量的 47.10%。其中，风电装机 3.28 亿 kW、光伏发电装机 3.06 亿 kW、生物质发电装机 0.38 亿 kW。同时，新能源发电量稳步增长。2021 年，全国新能源发电量达 2.89 万亿 kW·h。其中，风电 6 526 亿 kW·h，同比增长 40.5%；光伏发电 3 259 亿 kW·h，同比增长 25.1%。

2.3.1 新能源企业参与电能量市场现状

随着近年来相关政策加大支持力度，新能源在电力市场中的作用凸显，全国已有20多个省（区、市）的新能源参与电力市场化交易。我国在电力市场建设进程中积极推动新能源参与中长期和现货市场交易，但由于新能源功率预测难、调节能力弱，且大发阶段往往造成"价格踩踏"等问题，新能源很难适应当前电力市场规则，市场化交易困难。国内一部分省份新能源已可以参与电力市场化交易；一部分已出台保障利用时间的省份，可以参与现货市场；其他省份则主要参与中长期电力市场。

1. 中长期电力市场

电力直接交易、合同交易是新能源参与省内中长期市场的主要方式。在大部分省份中，新能源参与电力市场按照自愿原则与用户签订中长期交易合同，按合同价格结算，与常规机组参与电力市场方式一致。新能源参与省间中长期市场的交易方式主要包括省间新能源外送交易、省间新能源与大用户直接交易、新能源与常规能源之间的发电权交易等。省间新能源外送交易指新能源发电企业与电网之间（省间点对网）或者送受端电网之间（省间网对网）开展的购售电交易；省间新能源直接交易指新能源发电企业与其他省电力用户、售电公司（省间点对点）按照自愿参与的原则直接进行购售电交易，现国内仅有少数案例。就新能源与常规能源省间发电权交易而言，目前主要是新能源与煤电的省间发电权转让和置换。

2. 现货电力市场

新能源参与省内现货市场试点时，在绝大多数地区保障性收购、优先消纳，按照电力现货市场交易规则参与现货交易，主要采取报量报价和报量不报价两种方式。报量报价方式支持新能源在日内实时市场进行二次申报，促进新能源精确消纳。报量不报价的方式是指新能源以价格接受方式，低价保障新能源优先出清，全额消纳。新能源参与省间现货市场交易时，在日前计划及日内实时调度中，就省内受限的富余电能开展跨省跨区现货交易，开展覆盖范围更广的省间电力现货交易，推动更大范围的资源优化配置，更好地实现电力余缺互济和新能源消纳，具体根据国家电力调度控制中心、北京电力交易中心发布的《省间电力现货交易规则（试行）》实施。

目前，我国各省市积极推进新能源电力现货市场建设。《关于加快推进电力现货市场建设工作的通知》（发改办体改〔2022〕129号）提到，应进一步深化电力体制改革、加快推动各类型具备条件的电源参与现货市场。引导储能、分布式能源、能源综合体等新型市场主体，以及增量配电网、微电网内的市场主体参与现货市场，充分激发和释放用户侧灵活调节能力；有序推动新能源参与市场交易。建立与新能源特性相适应的交易机制，满足新能源对合同电量、曲线的灵活调节需求，在保障新能源合理收益的前提下，鼓励新能源以差价合约形式参与现货市场。

2.3.2 新能源企业参与绿电交易现状

绿电交易是以风电、光伏等绿色电力产品为标的物，在电力中长期交易框架下的一类交易品种，即用电企业通过交易平台采用竞（加）价方式，购买新能源发电企业的绿色电力，并通过交易合同、结算凭证等证明企业在生产过程中使用了绿色电源。开展绿电交易，一方面能有效发挥新能源的绿色属性和环境价值，满足外向型企业使用绿电的迫切需求；另一方面能助力新能源行业通过市场化交易获得额外收益，积极促进该行业的可持续发展。

2021年8月28日，国家发展改革委、国家能源局批复同意《绿色电力交易试点工作方案》，9月7日，全国范围内全面启动绿色电力交易，组织的首场绿色电力交易共17个省份259家市场主体参与，达成交易电量 79.35 亿 kW·h。2022 年初，国家发展改革委、工业和信息化部、住房城乡建设部、商务部等部门研究制定了《促进绿色消费实施方案》，提出进一步激发全社会绿色电力消费潜力，鼓励行业龙头企业、大型国有企业、跨国公司等消费绿色电力，发挥示范带动作用，推动外向型企业较多、经济承受能力较强的地区逐步提升绿色电力消费比例。江苏 2022 年度成交绿电 9.24 亿 kW·h，均价 462.88 元/（MW·h）。2022 年 3 月 25 日，浙江省绿电交易年度累计电量突破 10 亿 kW·h 大关，达到 10.077 亿 kW·h。2022 年 2 月 25 日，《南方区域绿色电力交易规则（试行）》印发，将核发给新能源的绿证与绿电交易衔接起来。新能源的绿色电力上网电量由国家能源局统一颁发绿证，售电公司和电力用户通过绿电交易向新能源企业购买绿色电力，根据绿色电力的交易结算结果，新能源的绿证将划转至购买使用了绿电的企业。至此，新能源参与绿电交易进入了市场模式下的新阶段。

2022 年，国家发展改革委、国家能源局印发《关于加快推进电力现货市场建设工作的通知》，提出有序推动新能源参与市场交易，构建主要由市场形成新能源价格的电价机制，推动新能源自愿参与电力交易，充分体现新能源的环境价值，引导绿电中长期交易电价对标燃煤发电市场化交易电价，带有绿证的绿电要合理设置价格下限；建立与新能源特性相适应的交易机制，满足新能源对合同电量、曲线的灵活调节需求，在保障新能源合理收益的前提下，鼓励新能源以差价合约形式参与现货市场，按照现货规则进行偏差结算，由于报价原因未中标的电量不纳入新能源弃电量统计。

以上措施推动新能源自愿参与电力交易，通过市场手段充分体现新能源的环境价值。同时，绿电中长期交易电价对标燃煤发电市场化交易电价，带有绿证的绿电合理设置价格下限，确保了绿电中长期交易电价水平，并由其绿色属性产生环境溢价。另外，新能源的消纳和收益有了保障。建立与新能源特性相适应的交易机制，满足新能源对合同电量、曲线的灵活调节需求。在"保障新能源合理收益"的前提下，鼓励新能源以差价合约形式参与现货市场，从而锁定价格。

2.3.3 新能源企业参与碳交易市场现状

中国的碳排放权交易市场主要分为基于总量控制的碳配额交易与基于项目的自愿减排量交易两种类型。基于总量控制的碳配额交易的交易对象是国家在控制碳排放总量基础上分配给各控排行业的碳排放配额，基于项目的自愿减排量交易的交易对象则是行业通过开展自愿碳减排项目，经相关部门对项目减排效果进行量化核证后取得的国家核证自愿减排量（CCER）。

CCER 是基于清洁发展机制（CDM）模式延伸得到的、具有中国特色的核证减排量，可以用于抵消碳配额，其交易及抵消机制是对碳配额交易的重要补充。根据政策规定，CCER 可用于碳控排企业在碳市场履约时抵消本企业一定比例的碳配额履约量，但并非抵消企业对应数量的碳排放量。在中国各个区域性碳交易市场的实践中，CCER 碳配额抵消比例一般不超过 10%。就 2021 年启动的全国碳交易市场而言，根据《碳排放权交易管理办法（试行）》，这一比例不超过 5%。全国碳市场纳入 CCER 交易及抵消机制后，通过 CCER 交易，风电和光伏行业可以获得额外的资金收入，能够在一定程度上削减取消电价补贴带来的负面影响、促进可再生能源的发展。

CCER 体系起步于 2012 年，运行至 2017 年，由于存在个别项目不够规范、交易量小等问题，国家发展改革委暂停项目受理备案，并启动管理办法修订。CCER 项目备案审批暂停以来，已备案的 CCER 项目继续交易，并未停止。2021 年 7 月，全国碳市场启动交易后，加速推进 CCER 管理办法修订和新项目备案重启已经成为国家主管部门下一步的工作重点。

碳排放权交易机制的实施不仅有效促进了相关国家和地区总量减排

目标的实现,也有力推动了新能源公司的发展。政策制定者向履约企业发放碳排放的初始配额,履约企业需要在能源使用与排放减少间进行权衡,并通过配额交易以在规定的时间内完成减排任务。当新能源企业参与碳排放权交易机制时,新能源企业在出售其研发技术的同时可以通过出售由此产生的减排量,从而获得更多的市场收益。政府通过推动碳排放权交易机制,可以为新能源公司提供新的融集资金的渠道,有效促进新能源产业的发展,从而带动全社会的低碳转型。

2.4 水电企业参与电力市场现状

目前,在全球发电份额中,水力发电仅次于燃煤发电和燃气发电,居世界第三。水力发电机组是水电站生产电能的主要动力设备。我国水电设备需求大,水电设备投资利用扩大,受水力资源区域分布影响,水电设备行业发展区域性强。2015—2019 年,中国水电设备平均利用时长在 3 500 小时以上。2019 年,水电发电设备利用时长为 3 726 小时,比上年增加了 119 小时。2020 年,中国水力发电量前十的省(区、市)分别是四川、云南、湖北、贵州、青海、广西、湖南、甘肃、新疆、重庆,发电量总共为 10 892.5 亿 kW·h,占据全国水力发电总量的 89.72%。水力发电量前三的省份为四川、云南、湖北,发电量分别为 3 349.1 亿 kW·h、2 763.4 亿 kW·h、1 574.5 亿 kW·h,三省水力发电量合计为 7 687 亿 kW·h,占据全国水力发电总量的 63.32%。我国水电设备需求大,未来我国水电设备势必朝着增效保质方向发展。以水电为主的清洁能源消纳问题迫在眉睫,将电力作为特殊商品允许其参与市场竞争是实现资源优化配置的必然趋势。

2.4.1 水电企业参与电能量市场现状

水电参与市场竞争为水电的可持续发展提供积极的激励信号，通过价格信号引导水电的投资建设，充分体现国家鼓励清洁能源发展的战略，有助于落实贯彻国家能源政策。水电参与市场竞争应首先考虑满足综合利用的原则，水电站综合利用的社会职能通常是关系到国计民生的强制性要求；参与市场竞争的水电站应以不弃水或尽量减少弃水为原则；梯级水电站参与市场竞争时，依据市场规则使上下游梯级水电站的综合利用效率实现最大化；在参与市场竞价时，若报价相同则水电优先。

1. 现货市场

在水电占比较大的区域电网中，由于对长期天气和水文的预报不准确，水电站（尤其是径流式水电站）在招标策略上存在较大风险，导致水力发电量长期预报不准确。水力发电长期预测风险在于：申报量过少而进水量充足，则必须弃水；申报量过大而进水量不足，水电站会承担无法履行电力合同的风险。因此，一旦水电站进入市场，就需要进行短期市场交易。

水电在参与现货市场交易时，因水情预测不准或者报价失误在月度竞价市场中未中标的电量参与日前现货市场交易。在充分利用调蓄能力后仍需要弃水的，只要网络安全允许，由电力调度交易机构在实际运行中安排发电，电价按日前现货市场中的最低中标价格的一定比例或水电最低报价处理。不同省（区、市）的水电企业参与市场的相关准入条件如表2-3所示。

表2-3 不同省（区、市）水电企业参与市场准入条件

省（区、市）	条件
山东	1. 依法取得《电力业务许可证（发电类）》，新投产机组达到商业运营的条件； 2. 符合国家产业政策、安全生产和环保标准要求； 3. 并网自备电厂在公平承担发电企业社会责任、承担国家依法合规设立的政府性基金、以及与产业政策相符合的政策性交叉补贴、支付系统备用费后，可作为合格的市场主体参与市场交易
安徽	1. 具有法人资格，财务独立核算，信用良好，能独立承担民事责任的经济实体； 2. 水库调节能力在季调节及以上，单机容量5万kW及以上的发电企业。水电参与直接交易的电量规模及具体细则由市经济信息委会同市级有关部门另行制定
甘肃	省内装机容量1.5万kW及以上水电企业
湖南	1. 湖南电网并网公用发电企业，含火电（含资源综合利用发电、热电联产）、水电（含抽水蓄能发电）、风电、太阳能发电。条件具备时，允许省外发电企业参与本省直接交易； 2. 并入湖南电网的企业自备电厂在足额缴纳依法合规设立的政府性基金、政策性交叉补贴及系统备用容量费的前提下，其自发自用以外的电量可参与直接交易； 3. 具有独立法人资格、财务独立核算、能够独立承担民事责任。内部核算的发电企业须经法人单位授权； 4. 符合国家产业政策，节能、节水、污染排放达到国家要求
江西	探索条件成熟的水电富集区水电企业（非省级统一调度的水电机组）可开展直接交易
山西	现役省调燃煤发电企业，天然气发电、风电、光伏、水电、生物质发电等省调清洁能源发电企业
陕西	20万kW及以上的发电企业
湖北	水力发电企业为装机容量10万kW及以上的企业
贵州	水电企业的机组应为省级及以上电力调度机构调度的机组
广西	1. 具有独立法人资格、财务独立核算、能够独立承担民事责任；或经法人单位授权的内部核算的发电企业； 2. 符合国家基本建设审批程序并取得发电业务许可证的火力发电企业（含核电）和水力发电企业。其中，火力发电企业为单机容量15万kW及以上的企业，水力发电企业为电机容量5万kW及以上的企业

续表

省（区、市）	条件
广东	1. 与电力用户、售电公司直接交易的发电企业，应符合国家、广东省有关准入条件，并在电力交易机构注册。仅开展基数电量合同转让交易的发电企业，可直接在电力交易机构注册； 2. 并网自备电厂参与市场化交易，须公平承担发电企业社会责任、承担国家依法合规设立的政府性基金，以及与产业相符合的政策性交叉补贴、支付系统备用费； 3. 省外以"点对网"方式向广东省送电的发电企业，符合国家、广东省有关准入条件并进入发电企业目录后，视同广东省内电厂（机组）参与广东电力市场交易
上海	1. 用户电压等级暂定为35千伏及以上，年用电量100万 kW·h 及以上，执行大工业和一半工商业电价，在电网企业独立开户，单独计量的企业。鼓励优先购电的企业和电力用户自愿进入市场，根据市场发展程度适时放开至10千伏用户； 2. 年用电量在100万 kW·h 和1 000万 kW·h 之间的企业参加直接交易，暂时售电公司代理参与；年用电量1 000万 kW·h 及以上的企业，可直接委托售电公司代理参与直接交易
四川	1. 具有独立法人资格、财务独立核算、能够独立承担民事责任；或经法人单位授权的内部核算的发电企业； 2. 单机容量30万 kW·h 及以上的省网调统分水电企业； 3. 符合国家基本建设审批程序并取得发电业务许可证

2. 中长期市场

随着新一轮电改逐步推进，各省市建立起规则完善、体系健全的中长期市场。中长期交易由于风险较小、收益稳定，成为市场参与者规避风险的"压舱石"。同时，中长期市场还起到锚定现货市场价格的作用。对于流域梯级水电站而言，中长期市场可以很好地使其规避因径流不确定性而带来的运行风险，特别是对于误差较大的长期运行及交易计划，水电企业可以根据更加精确的预测结果，利用中期优化调度调整长期计划、制定交易策略。

在中长期市场环境下，梯级水电传统的调度方式受到了极大冲击。不同于其他电源类型的发电企业，水电在参与电力市场时不仅需要考虑交易阶段由市场结构、交易结算规则和竞价策略等因素导致的成交风险，还需要考虑运行阶段因径流时空分布不均匀、不确定性，以及梯级水电站水力、电力时空紧耦合等因素导致的运行风险。但在参与月度中长期市场时，为追求更高收益，决策者通常采取多发电和高报价两种途径，中期径流和电价的预测值不可避免地存在误差，这可能导致发电量不足而无法履约或报价过高使竞价失败。因此，在中期调度背景下参与中长期交易时，需要考虑市场出清电价的不确定性和日径流的随机性使梯级水电站面临的双阶段风险，即中长期市场申报阶段的成交风险和中期调度阶段的运行风险。

2.4.2 水电企业参与辅助服务市场现状

1. 交易方式

市场主体是指调频服务提供方与调频服务补偿费用缴纳方。市场初期，调频辅助服务提供方为具有 AGC 功能且调频性能达到一定标准的省级及以上调度发电厂，水电厂也涵盖在内。第三方辅助服务提供者暂时还不能参与调频辅助服务；抽水蓄能电站按规定调用，不参与市场竞价。例如，位于云南电网调频控制区、以"点对网"或"网对网"输电方式向广东、广西、海南送电的电源，参与云南调频控制区交易，中标收益纳入该调频市场结算。市场初期采用日前集中竞价、日前预安排和日内统一出清的模式组织调频市场交易。

2. 市场出清价格

市场出清价格由申报里程价格、各调频区域调频容量下限和市场总容量需求共同决定。例如，广东、广西、海南调频控制区内出清时按照调频里程排序价格由低到高出清，优先满足资源分布区内部中标容量下限的资源，其余容量纳入到区域市场进行同台竞争。满足分区内部容量下限的中标机组不参与定价，由满足全区域调频容量需求的最后一台机组（即全区域边际机组）确定出清价格。各市场剩余的需求容量决定竞价时总需求容量，排除优先机组后，剩余的申报机组按照价格由低到高排序，累计容量满足竞价市场需求容量时的最后一台机组为边际出清机组，其价格为边际出清价格。

3. 补偿分摊

水电企业参与区域调频市场产生的补偿费用分摊采取"分布区内平衡+全市场平衡"方式。市场初期，调频市场费用分摊分为调频里程费用分摊和调频容量费用分摊。

里程补偿分摊：费用分摊分两种方式。第一种方式分为各分布区内平衡（容量需求下限部分）和全市场平衡（超出需求下限部分）两部分，计入省（区、市）内部平衡的调频里程费用，由省（区、市）缴纳方（电厂）按照月度上网电量等比例分摊；第二种方式费用则由全市场按上网电量等比例分摊。未来条件成熟后将采用第二种方式进行分摊，目前采用第一种分摊方式。

容量补偿分摊：调频容量补偿分为两个阶段。在现阶段，无现货市场省（区、市）和有现货市场省（区、市）所有提供合格 AGC 服务的发电单元 AGC 容量按照统一标准补偿；待现货市场成熟后，发电单元可考虑由预留 AGC 调频容量产生的机会成本作为容量补偿。区域内各省（区、市）市场主体产生的调频容量补偿费用，仅由省（区、市）的补偿费用缴纳方（电厂）按照月度上网电量等比例分摊。

2.5 核电企业参与电力市场现状

我国核电发展起步较晚，但发展速度较快，2016—2019 年，我国核电电源工程投资额呈波动式下滑，从 2019 年以来，我国核电电源工程投资不断增加，2021 年达 538 亿元，同比增长 42.3%。

第 2 章 我国多元发电主体参与电力市场现状分析

自 1985 年秦山核电站开工建设以来，我国核电经过近 40 年的发展，经历了从无到有、从小到大，已形成高水平的工业创新链和产业链。截至 2022 年第一季度，我国已建设了 54 台在运核电机组，核电装机容量为 5 443 万 kW。54 台在运核电机组全部分布在沿海地区，主要聚集在广东（14 台）、浙江（11 台）、福建（10 台），其次在辽宁（6 台）、江苏（6 台）、山东（3 台）、海南（2 台）、广西（2 台）。由于核电机组在运行时会产生巨大的热能，需用水进行冷却，沿海地区可直接利用海水对核电机组进行冷却；同时，沿海地区工业更为发达，电力需求更加旺盛，就近输送电力可减少输送成本；此外，核电所需的大型设备通过海路运输更加便捷。

核电发电量逐年提升，在电力结构中的占比也不断扩大，2022 年 1—5 月，中国核电发电量为 1 663 亿 kW·h，较 2021 年同期上升 4.5%，占比提升至 5.1%，但整体来看，目前占比仍较小，后续渗透率提升空间大。自 2008 年以来，我国核电利用小时数均超 7 000 小时，在 2021 年已达 7 777.9 小时，2022 年 1—5 月为 3 081 小时，大幅领先于国内其他发电方式，较主导能源火电高出 1 361 小时。我国核电上网电量也不断增加，由 2016 年 1 965.68 亿 kW·h 增加至 2021 年的 3 820.84 亿 kW·h，到 2022 年第一季度，中国核电上网电量为 928.99 亿 kW·h，同比增长 6.90%。

与此同时，我国颁布了多项政策支持核电建设，从发展之初的"适当发展"到"积极推进发展"，再到目前的"积极安全有序发展"。由此可见，我国对核电建设安全的重视程度不断加深。在"十四五"规划推动下，核电未来新增装机量有望稳步上升，并逐渐提高自主化水平。

2.5.1 核电企业参与电能量市场现状

2018 年，国务院发布的《核电管理条例》首次明确了核电项目投资主体的准入条件：持有其他核电项目25%以上股份，具有8年参与核电项目建设、运行的经验，以及相应的核电专业人才队伍建设、较强的资金保障和融资能力等。在中国的核电市场上，目前具有核电业主身份的只有三家——中广核集团、中核集团和国家电投。

1. 现货市场

在全国首批8个电力现货试点省份中，浙江、广东、福建和山东已将核电机组纳入电力市场交易中。2020年，福建核电机组的市场化电量为220亿kW·h，占全省市场化交易电量的27.5%。广东省内核电机组暂未直接参与市场交易，但2018—2020年，中广核集团销售给广东电网电量的20%，与当年省内机组参与市场交易电量让利的加权平均值相乘作为让利额，作为非税收入缴纳给省财政国库，这部分电量也被视作参与了市场交易。目前，浙江、山东和广东已公布具体的电力市场运营规则或试运行方案，如表2-4所示。

表2-4 国内核电机组参与电力市场情况

省份	核电发电（装机）比例	现货市场	中长期合约市场
广东	发电量占比14.8%	按照政府下达的年度基数电量计划，在满足系统安全的基础上，优先安排发电，暂不参加中长期电能量市场	
山东	发电量占比3.7%	山东核电有限公司海阳一期核电项目2×125万kW（1、2号）年度设计利用小时以内上网电量部分执行政府定价，以外上网电量按照市场价格结算	
浙江	省调核电机组装机4.85%	省调机组在现货市场中不报价，以固定出力机组在日前申报出力曲线；10%电超按照现货市场电价结算	省调核电机组按照实发电量的90%给予政府授权合约

2. 中长期市场

核电成本刚性强、电价稳定且易预测的特点，有利于买卖双方规避由于电价波动带来的市场风险,决定了其非常适合远期合同交易。远期合同交易是指在确定的未来时间以某一事先确定的价格、数量和方式购买或出售电力商品的合同,包括交易电量、交割日期、地点以及价格等条款。远期合同按标的物划分,可分为以实际货物为标的物的商品远期合同和以某种金融工具为标的物的金融远期合同。目前我国东北、华北电力市场(单一买方模式)中的远期合同均以实际电量为标的物。

2.5.2 核电企业参与辅助服务市场现状

核电企业目前主要可参与调峰辅助服务。调峰辅助服务是指并网发电机组能够根据电网的调峰需求而有计划地、按照一定调节速度调节发电出力、改变机组运行状态所提供的调节服务。保证机组平均负荷率不小于有偿调峰基准的调峰服务属于机组承担的基本义务,由调度机构根据系统运行需要无偿调用;平均负荷率小于有偿调峰基准时,获得辅助服务补偿。一般情况下,核电有偿调峰基准为平均负荷率75%,其中,平均负荷率是指核电机组在交易统计周期内单位时刻负荷率的平均值。

1. 交易方式

考虑核电机组性能和安全性,调峰深度、功率调节速度和调峰时间均有一定限制,其基本原则为:核电有偿调峰基准为75%,考虑核电安全性调峰深度为50%,最大有偿调峰容量为机组额定功率的25%;线性升降速率为机组额定功率的0.25%~5.00%,时间为1~3h,为了降低核电机组损耗,每天允许升降次数各为1次;满功率及低功率状态下的持续稳定运行时间不低于2h。核电机组日前进行调峰报价进入市场,提前降出力至有偿调峰基准75%负荷率,并采用"H-S-L-S"方式进行电网负荷跟踪,其中"H小时"和"L小时"分别为满功率(即75%负荷率)、低功率运行状态下的持续时间,需满足核电满功率及低功率状态下的持续稳定运行时间不低于2h的条件,"S小时"为升降负荷时间,需满足线性升降时间为1~3h的条件。

2. 补偿机制

国家能源局南方监管局根据国家电监会的文件精神和国家有关法律法规,组织制定了《南方区域并网发电厂辅助服务管理实施细则》(简称"细则"),要求南方区域省级以上直调的并网火电、水电、风电、核电,以及区外电源参与辅助服务的提供或补偿,并根据实际贡献获取或分摊辅助服务补偿费。其定义的基本辅助服务包括一次调频、基本调峰、基本无功调节,除此之外的均为有偿辅助服务。根据细则,核电如果继续带基荷运行,必然要支付一定的辅助服务补偿费。然而,核电企业认为每年所支付的抽水蓄能租赁费实际上就是租赁抽水蓄能机组代其提供辅助服务的费用,若再要求核电机组分摊辅助服务补偿费则属于重复交费。辅助服务补偿费与抽水蓄能租赁费之间的矛盾,成为将核电机组纳入细则的一大阻力。

2.6 各类发电主体参与电力市场化交易的困难及主要问题分析

2.6.1 火电企业参与市场化交易的困难及主要问题

1. 总体成本的提升

在火电减排潜力越来越小的情形下,碳排放交易市场将进一步提升火电机组的运营成本,加上燃料费用的增加,火电企业将面临更大的压力,未来新型电力系统对火电机组三大改造的要求也会进一步提高火电机组的总成本。

2. 效率低、能耗高的小机组将加速淘汰和关停

随着市场化交易比重逐步提升,报价越低的机组获得的市场份额越大,大型机组的成本优势将成为核心竞争力,小装机容量、高煤耗机组将逐步被淘汰出局。叠加日益趋严的能耗和环保要求,小型火电企业的生存状况堪忧,未来行业可能出现整合现象。

3. 火电机组灵活性改造困难重重

火电的灵活性改造在现阶段依旧存在较大阻力,这极大地限制了辅助服务市场的多样性,主要体现在以下几点。

一是缺少市场化激励,火电主动改造意愿不足。"十三五"期间火电灵活性改造规模不及预期,主要是因为市场机制不健全导致经济激励缺失。由于火电供热期与新能源矛盾突出,此前东北地区已开展火电机组大规模灵活性改造,其他地区部分火电企业为获取新能源项目开发指标进行了灵活性改造,但全国范围的大规模改造尚未启动。从激励机制来看,绝大多数省区虽已建立深度调峰市场,但仍然以发电侧"零和博弈"为主,即由新能源和不具备调节能力的电源承担火电调峰的费用,尚未向用户侧进行疏导。这限制了辅助服务市场规模和品种的多样性,导致火电灵活性所提供的多样化服务难以获得合理经济补偿,不足以弥补机组低负荷下的运行成本。

二是灵活性改造对火电运行的安全性和经济性产生一定影响。安全性方面,为使机组释放更多调节能力,深度调峰状态下锅炉燃烧工况远低于设计的最低稳定运行负荷,导致机组可能面临灭火停炉、使用寿命缩短、脱硝不充分等一系列运行风险。经济性方面,在深度调峰状态下,火电机组出力减少时的单位煤耗显著上升,导致发电成本大幅上涨。此外,火电灵活性改造存在低负荷稳燃、汽轮机、锅炉、蓄热等多条技术路线,目前改造方案仍然是"一厂一策",尚未形成可大规模复制的经验。

三是受煤炭价格影响,近年来火电企业亏损致现金流紧张,难以同

时承担布局新能源转型的资本开支和火电灵活性改造的成本。2021年煤炭价格持续保持高位,而电价涨幅受限,导致火电企业普遍陷入大面积亏损。根据火电上市企业发布的2021年公告统计,多家火电企业出现归母亏损情况。此外,根据上市公司披露的新能源发展规划目标,火电企业新能源转型年均资金需求平均值接近300亿元。而传统火电企业投资资金来源以发债为主,当前杠杆率维持较高水平,债务融资遭遇一定瓶颈。因此,火电企业依靠目前资金能力开展灵活性改造面临一定困难。

4. 火电企业的碳排放报告质量良莠不齐

除了极少数恶意造假的情况外,不少企业的碳排放数据质量都存在不同程度的问题,如涉嫌违规修改参数和数据、涉嫌参数选用和统计计算不正确、质量控制不规范导致碳排放核算结果不准确等。

2.6.2 新能源企业参与市场化交易的困难及主要问题

1. 风电、光伏等新能源发电出力不确定性较强

风电、光伏等新能源发电具有明显的季节性和周期性特点,在传统机组逐渐退役的情况下,若新能源因天气连续多周、多日发电不足,电力系统将长时间发电不足,进而导致系统性缺电,容易引发大停电事故。特别是近年来极端天气频发,新能源风机可能受低温影响导致叶片冷冻、覆冰,无法正常发电,给电力系统可靠供电带来较大的运行挑战。

2. 新能源消纳途径亟待完善

国内新能源的保障性收购制度与通过市场消纳之间的矛盾日益显著,用电侧市场化电量占比不断提高,而新增这部分的电量需要通过新能源参与电力市场交易供给,这将与新能源保障性收购制度存在耦合关联。

3. 新能源参与电力市场的机制有待成熟

由于新能源的不确定性、发电占比不断提升,以及可再生能源消纳

第 2 章 我国多元发电主体参与电力市场现状分析

责任权重政策的实施,都给市场机制设计带来了挑战,如何综合考虑其出力特点和灵活性机组的调节效益,构建电能量和辅助服务市场,最大限度地实现新能源消纳,成为当下面临的主要问题。为此,需要明确新能源参与电力市场的总体方案及具体细节,进而提出适用于我国国情的新能源参与电力市场机制。

4. 绿电交易机制有待深化完善

首先,绿电交易价格机制须细化设计。东部省份现货试点时未纳入新能源参与,无法通过现货市场体现新能源发电成本,绿电交易价格主要参考市场内煤电等其他类型电源定价,企业绿电需求大则进一步拉高了绿电交易价格。而在山西、甘肃等省份新能源直接参与现货交易,企业绿电需求较低,新能源大发的时段往往拉低现货市场实时价格,难以体现绿电的真实价值。另外,绿电交易存在地区不平衡性。绿电交易需求量大的企业主要分布在广东、上海、浙江、江苏等东部省市,但东部地区新能源资源较少,可交易电量规模较小,难以满足当地企业需求。以浙江为例,浙江的新能源主要以保障性收购为主,跨省跨区电力交易中新能源主要以火电打捆的形式为主。其作为电力受端省份,通过跨省跨区渠道购买新能源较为困难。而西北等新能源资源富裕地区,本地绿电交易需求较低,但受制于输电通道和本地消纳需求等约束,跨省区绿电交易规模有待进一步提升。

5. CCER 存在限制因素

国内各试点地区对中国核证自愿减排量(CCER)都存在一定程度的限制,核证减排量的地域壁垒阻碍了市场要素的自由流动。例如,北京和上海限制 CCER 抵消比例上限为 5%,重庆为 8%,深圳、广东、天津、湖北均为 10%。北京、广东和湖北还对 CCER 存在不同程度的地域限制,北京和广东分别规定 50% 和 70% 的 CCER 须来自本地区,而湖北更是仅限使用省内产生的 CCER。对于本地 CCER,北京允许其在完成市内审核流程后先在市场挂卖 60% 减排量,待完成全国审核流程后，再将60%减排量返还给交易所。其他试点省市虽然未在文件中限制地区外CCER的交易，但在实际的交易过程中，通常优先挂卖本地产生的CCER，并给予相应的政策优惠。碳交易试点对本地CCER的地方保护主义造成了较为严重的市场交易壁垒，阻碍了市场要素的自由流动，导致碳配额和CCER的市场价格无法充分反映其在碳交易市场中的价值。

2.6.3 水电企业参与市场化交易的困难及主要问题

随着我国水电规模的持续扩大和电力市场相关政策的逐步落实，水电参与市场竞争是实现资源优化配置的必然趋势。然而，水电受到来水不确定性、水库调节性能差异大、水库综合利用矛盾、上下游梯级隶属不同业主、输电断面限制等许多约束，使得水电参与市场竞争、通过市场实现资源优化配置的目的面临许多复杂问题。

1. 径流预报误差与风险管控问题

由于水电存在来水不确定性等问题，其参与电力市场时面临着"超发"和"欠发"双重风险。这不仅会导致参与市场化的水电站完不成签署的合同电量，使其经济利益受损，还会面临被相关机构考核的风险。此外，当来水出现较大误判时，部分地区因来水不足而出现大规模欠发交易电量，而另外部分地区因来水多而大规模超发弃水电量，不仅会打击水电厂参与电力市场的信心，而且会导致电网不同区域的负荷供需平衡被破坏，电网的潮流方向发生改变，导致局部断电。比较薄弱地区还会发生越限等严重后果，对电网的安全稳定会产生较大影响。

2. 水库综合利用与发电效益冲突问题

水电站除发电外，还需要承担防洪、拦沙、航运、供水、灌溉等综合利用任务，综合利用任务会不同程度地影响水电站正常发电，从而影响水电站在电力市场中的竞争力。例如，承担防洪任务时，水库会在汛前泄流，腾空库容等待洪水到来，这会导致水库的发电水头降低，从而影响水电站的发电量。承担通航任务时,流量、水位变幅和水面比降的偏大或偏小都会影响航运安全。因此需要保证最小下泄流量不小于最低通航水位,且水位变化不可陡涨陡落等。这些限制条件会增加水电站的调度难度,影响正常的发电运行。承担供水任务时,上游供水会直接消耗梯级水库的总水量,下游供水会影响水库的正常蓄水。发电计划水库综合利用与发电效益冲突问题非常复杂,仅靠电厂和电网难以解决,需要建立一套完整的协同和利益分配机制,形成水电开发多方参与、利益共享、责任共担的流域水电开发管理模式,兼顾工程经济效益与社会效益。

3. 业主不同的梯级水电站运行问题

当业主不同的梯级水电站参与电力市场时,由于存在竞争关系,梯级上下游调度信息并不完全透明,若上游电站竞价成功,下游电站交易失败,则下游电站将面临大量弃水的风险;反之,若下游电站竞价成功,而上游电站失败,可能会导致下游电站无水可发电,因而面临违约的风险。面对此问题,常规解决方案是梯级水电站群组合成联合体参与市场竞争,从而实现整个流域梯级水资源的优化配置。然而,联合体参与市场竞争却面临两方面的难题。首先是联合体内部如何公平公正地分配效益。调节性能好的电站对下游调节性能差的电站具有很好的补偿调度作用,但下游电站到底有多少效益来源于上游调节性能好的电站、如何量化这种贡献等问题缺少相关研究。其次,联合体具有很大的装机容量,容易对市场形成垄断优势,如何避免其市场优势过大而影响市场稳定也需要重点研究。

4. 水火电置换发电权交易问题

发电权置换是指某个发电企业由于发电能力不足或清洁能源消纳能力有限等因素,将部分或全部发电量转让给其他发电厂的交易。发电权置换面临两方面的难题。当水电来水较多时,为了避免弃水和消纳清洁能源,需要多发电,此时占用了火电的发电份额,需要补偿火电。当水电来水较少、发电能力不足时，需要火电多发电，此时火电需不需要补偿水电值得思考，如何公平量化各自的发电权需要重点研究。其次，发电权交易的不是实物或者服务，而是一种权利，发电权交易会影响到系统的安全稳定，在进行交易时，必须保障电网系统稳定运行，其模式主要有双边合同和集中竞价两种，而这两种模式各有优缺点。双边交易的主要问题在于当市场主体较多时，工作量大、效率较低，同时没有竞价环节，无法使优化资源配置的效益充分发挥；而集中竞价会因交易对象频繁变换，无法形成稳定的合作关系，容易对市场的稳定造成负面影响。因此，如何完善发电权交易也需要重点研究。

2.6.4 核电企业参与市场化交易的困难及主要问题

1. 市场份额较小

以浙江省为例，浙江省统调机组中，核电机组的装机占比仅为4.5%，发电量占比仅为10%左右，无论是装机容量还是发电量，核电机组在浙江省各类机组中占比都不高，远低于燃气、燃煤等火电机组。核电机组自身的收益波动对整个市场体量的影响不大，导致设计相关规则时对核电参与市场合理性的重视程度不如火电机组。

2. 现货市场电价较低

现货市场的价格从长期来看应该与电力中长期合约价格接近。然而，目前现货市场价格大幅低于合约价格且波动较大，现货市场价格出现一定程度的失真。根据集中式电力现货市场结算试运行的规则，发电机组的发电量按照"日前基准、实时差量、合约差价"的原则进行结算，因此核电机组的现货市场电量以现货市场的节点边际电价结算。从试点省份的结算结果来看，现货市场平均价格在 0.198～0.327 元/（kW·h），现货市场价格远低于核电机组的现行上网电价，甚至在负荷低谷阶段，市场还会出现负电价，导致核电机组暴露在现货市场中的电量部分面临亏损。目前全国经济发展已经由高速发展转变为高质量发展，各省的用电增速都有所下降，市场在大部分时间段处于供需富裕阶段，因现货市场价格在大多数时段低于核定上网电价，核电机组将在现货市场面临持续亏损的局面。

3. 分摊费用较高

在电力现货市场中，核电由于其自身机组特性，不参与调频等辅助服务的交易，而是按照一定的比例分摊市场中辅助服务的费用。相对于计划模式下核电机组缴纳"两个细则"的费用，现货市场中核电机组的市场化辅助服务分摊费用数倍增加。辅助服务需要按照"谁受益、谁承担"的原则分担成本，但现阶段市场化用户作为辅助服务的受益方却不承担分摊费用，导致市场化辅助服务费用缺乏有效的传导机制。此外，在计划模式和市场模式并存的双轨制结算模式下，辅助服务成本也存在重复补偿的问题。成本补偿费用设置的初衷是补偿发电收入覆盖不了发电成本的部分电量，但在现货市场中，燃煤和燃气机组政府授权合约的电量电价已经考虑了其所有发电成本，市场运行时不应再对授权合约的电量的运行成本进行补偿，否则会增加总补偿费用和增加其他类型机组的分摊费负担。而核电机组在现货市场中得不到成本补偿费用，却要参与补偿费用的分摊。

第 3 章　多元发电主体成本测算及影响因素分析

对典型发电主体成本进行测算，有助于电力交易中心掌握各类电源的成本水平，从而能够对各类电源在电力市场中的报价行为进行监督，维护市场秩序。本章基于全生命周期视角对我国典型发电主体成本进行测算，并分析影响各类发电主体成本的因素。首先，介绍基于全生命周期视角的平准化度电成本（LCOE）模型的基本原理；其次，分析我国典型发电主体全生命周期成本构成；再次，考虑"双碳"目标对我国典型发电主体的影响，构建典型发电主体平准化度电成本 LCOE 模型，并通过调研获取相关数据，对火电、气电、水电、核电、风电和光伏发电等发电主体进行测算与对比分析；最后，通过敏感性分析研究各类发电机组单位造价、年运维费、年燃料费、其他变动成本、年发电小时数、折现率、"三改"联动费、碳价、偏差考核和辅助服务费等因素对典型发电主体平准化度电成本的影响程度，并识别关键影响因素。

第 3 章 多元发电主体成本测算及影响因素分析

3.1 原理介绍

3.1.1 平准化度电成本（LCOE）计算方法

平准化度电成本（Levelized Cost of Electricity，LCOE）是国际上通用的用来评估各种类型发电项目经济效益的重要指标。LCOE 计算方法能够清晰准确地测量发电项目单位发电量的经济成本，被国内外学者广泛应用于发电领域进行经济性研究。在 20 世纪 80 年代由经济合作与发展组织核能署首先采用，主要用于横向比较各类发电机组的度电成本。V_{LCOE} 的具体计算公式如下：

$$V_{LCOE} = \frac{\sum_{t=1}^{T}\left[V_{CAP,t} + V_{op,t} + \frac{V_t(E_t)}{(1+d)^t}\right]}{\sum_{t=1}^{T}\frac{E_t}{(1+d)^t}} \tag{3-1}$$

式中：V_{LCOE} 为平准化度电成本，T 为项目寿命期，$V_{CAP,t}$ 为第 t 年的资本支出，$V_{OP,t}$ 为第 t 年的运维支出，$V_t(E_t)$ 为第 t 年与当年发电量相关的可变支出（如燃料支出），E_t 为第 t 年发电量，d 是折现率。

分子的整体含义为：将未来各年成本按折现率 d 折现至第 t 年（一般指资本金开始投入的前一年）。分母的含义为：将未来各年发电量按折现率 d 折现至第 t 年。

可见，LCOE 计算方法几乎不考虑地区间财税、金融、投资环境等因素的差异化影响。各个机构和企业可以根据自身需要，对 LCOE 计算方法开展各式各样的补充和完善，但基本原理不变。

3.1.2 敏感性分析法

敏感性分析法是指从众多不确定性因素中找出对投资项目经济效益

指标有重要影响的敏感性因素，并分析、测算其对项目经济效益指标的影响程度和敏感性程度，进而判断项目承受风险能力的一种不确定性分析方法。敏感性分析法有助于确定哪些风险对项目具有最大的潜在影响。它在把所有其他不确定因素保持在基准值的条件下，考察项目每项要素的不确定性对目标产生多大程度的影响。

根据不确定性因素每次变动数目的多少，敏感性分析法可以分为单因素敏感性分析法和多因素敏感性分析法。

单因素敏感性分析法是指每次只变动一个因素而其他因素保持不变时所做的敏感性分析法。单因素敏感性分析法在计算特定不确定因素对项目经济效益影响时，须假定其他因素不变，但实际上这种假定很难成立，可能会有两个或两个以上的不确定因素在同时变动，此时单因素敏感性分析法很难准确反映项目承担风险的状况，因此在分析一些问题时也需要进行多因素敏感性分析。

多因素敏感性分析法是指在假定其他不确定性因素不变条件下，计算分析两种或两种以上不确定性因素同时发生变动时对项目经济效益值的影响程度，从而确定敏感性因素及其极限值。多因素敏感性分析一般是在单因素敏感性分析基础上进行，且基本原理与单因素敏感性分析大体相同，但需要注意的是，多因素敏感性分析须进一步假定同时变动的几个因素都是相互独立的，且各因素发生变化的概率相同。

进行敏感性分析主要有以下五个步骤。

（1）确定敏感性分析指标。

敏感性分析的对象是具体的技术方案及其反映的经济效益。因此，技术方案的某些经济效益评价指标，例如息税前利润、投资回收期、投资收益率、净现值、内部收益率等，都可以作为敏感性分析的指标。

（2）计算该技术方案的目标值。

一般将在正常状态下的经济效益评价指标数值作为目标值。

(3) 选取不确定因素。

在进行敏感性分析时,并不需要对所有的不确定因素都进行考虑和计算,而应视方案的具体情况选取几个变化可能性较大且对经效益目标值影响作用较大的因素。例如,产品售价变动、产量规模变动、投资额变化等,或是建设期缩短、达产期延长等,都会对方案的经济效益大小产生影响。

(4) 计算不确定因素变动时对分析指标的影响程度。

若要进行单因素敏感性分析,则要在固定其他因素的条件下,变动其中一个不确定因素;再变动另一个因素(仍然保持其他因素不变),以求出某个不确定因素本身对方案效益指标目标值的影响程度。

(5) 找出敏感因素,进行分析和采取措施,以提高技术方案抗风险的能力。

3.2 多元发电主体全生命周期成本分析

3.2.1 燃煤发电厂全生命周期成本分析

燃煤发电厂全生命周期成本主要由建造阶段、运行阶段、退役阶段三个阶段的成本构成。

1. 建造阶段

电厂建造阶段主要包括建造所需原材料的开采、加工、运输,以及厂房建造和设备安装。

电厂建造阶段能耗包括原材料开采、加工、运输和厂房建造过程中消耗的煤、石油、天然气产生的热能和电能的总和。由于厂房建造和设备安装过程缺乏数据,该过程只考虑材料运输的影响。建造阶段总能耗由原材料消耗量，以及各种原材料在开采、加工、运输中的单位能耗计算得到。

建造阶段资源消耗包括非能源资源和能源资源消耗。非能源资源主要有钢材、水泥、铁、铝、铜等，能源资源指开采、加工、运输非能源资源所消耗的煤、石油、天然气。

建造阶段污染物排放成本主要来自四个方面：能源资源生产过程产生的排放；非能源资源开采、加工过程中，由于能源资源的使用产生的排放；生产能源与非能源资源消耗的电力在其生产过程中的排放；非能源资源的运输过程的排放（CO_2、SO_2、CO、CH_4、氮氧化物等）。

建造阶段工程造价包括建筑工程费用、设备购置费用、安装工程费用和其他费用。建筑工程费用主要包括主厂房、烟囱、锅炉、集控楼、灰厂、煤场、废水处理系统等的建造费用，设备购置费用主要包括热力系统、燃料供应系统、除灰系统、水处理系统、供水系统、电器系统和热工控制系统的设备购置费用，安装工程费用主要包括电厂购置的七大系统设备的安装费用，其他费用主要包括建设场地占用及清理费、项目建设管理费、项目建设技术服务费、生产准备费等。根据电厂建造阶段这四种费用得到静态工程总投资，视其为资本成本。

2. 运行阶段

电厂运行阶段能耗包括直接能耗和间接能耗。直接能耗指电厂在整个生命周期内消耗燃料产生的能量，其值由消耗的燃料总量和对应的发热量计算得到。间接能耗指电厂运行所需燃料和原料的开采、加工、运输及固体废弃物运输的能耗，其值由燃料和原料的消耗量与对应各过程的单位产量能耗计算得到。

运行阶段的资源消耗主要有煤、石油、天然气、石灰石和氨水，统计与计算过程和电厂建造阶段一致。

运行阶段污染物排放来自五个方面：能源资源生产过程产生的排放；非能源资源开采、加工过程中，由于能源资源的使用产生的排放；

生产能源与非能源资源消耗的电力在其生产过程中的排放；非能源资源的运输过程产生的排放；发电过程产生的污染物排放（CO_2、SO_2、CO、CH_4、氮氧化物、固体废弃物、烟尘和灰尘）。

电厂在运行过程中主要包括运行费用、维护费用和燃料费用等。运行费用主要包括水费、材料费、职工工资与福利基金、大修基金、流动资金的贷款利息、办公费、科研教育经费及其他费用。维护费用主要包括周期性维护费用和设备更换费用。燃料费用主要指发电的燃煤费用。

3. 退役阶段

电厂退役阶段主要成本包括与员工相关的费用（退役过程员工薪酬和费用）、管理费用、运行维护费用、电厂拆除费用、废弃物运输及再循环费用，以及煤灰池、储煤区清理费用等。

3.2.2 燃气发电厂全生命周期成本分析

燃气发电成本指燃气电站生产单位电能所发生费用的总和，参考传统发电成本核算组成，燃气发电厂全生命周期成本主要由以下五部分组成：总投资成本、维护检修成本、原料成本、薪酬福利成本、环保成本。以下详细介绍各部分成本的构成。

总投资成本：燃气电厂总投资费用包括建设期内购买设备、厂房建设、土地征收、贷款利息以及额外预算。

维护检修成本：机组维护检修支出是电厂一项必不可少的费用，维护检修费包括电厂设备维护修理费、管理费和材料费。

原料成本：总原料费用包括天然气、燃油和发电用水费用，其中燃油和发电用水费用相对较小，可以忽略。燃机气耗与机组运行工况密切相关，机组的频繁启停，以及反复经过部分负荷阶段的低效率区域，将影响发电气耗率。另外，相对于煤等传统能源，天然气价格比较昂贵。因此，总原料费由发电气耗和天然气价格决定。

薪酬福利成本：薪酬福利费用指支付的人力资源费用，包括燃气机组员工的工资及福利。根据当地的人均收入以及燃气发电厂规划的职工数量计算总薪酬福利费用，然后平均到每度电对应的薪酬福利成本。

环保成本：燃气电厂环保成本包括发电企业为减少污染物排放而投入的设备成本及运行、维护费用，以及环保局所征收的排污费和罚款。其中环保设备成本一般在机组建设期间投入，包含在总投资折旧费用中，而环保设备的运行维护费用也包含在维护检修费用中，所以这里的环保费用仅考虑所缴纳的排污费。

3.2.3 水力发电厂全生命周期成本分析

水电站生命周期分为建设期和运营期。水电行业的商业模式属于典型的重资产行业商业模式，水电站建设主要表现出建设期高资本开支（CAPEX）和投产后运营期充沛现金流的基本特征。其中，运营期又分为三个阶段：①折旧期＋贷款还本付息期。该阶段随着还本付息压力逐步减轻，现金流和净利润逐渐上升。②折旧期（还本付息结束）。该阶段现金流和净利润均在较高水平维持稳定。③折旧期结束。该阶段净利润进一步提升至更高水平后维持稳定，现金流则在稍有回落后维持稳定。

从建设期的成本构成看，静态总投资主要包括工程费用（建筑工程费、机电设备及安装工程费、金属结构设备及安装工程费、临时工程费等）、水库淹没处理补偿费（农村移民补偿费、专项恢复改建费、学校和企事业搬迁补偿费、库区防护费、库区清理费等）、独立费用和基本预备费。其中，工程费用和水库淹没处理补偿费是占比最大的两项，合计可占到总成本的90%，独立费用大致占到5%左右。水电站的总投资额由静态总投资额、价差预备费和建设期利息支出组成。

运营期成本中，折旧、财务费用是前两大支出。通过梳理水电站投产运营后各项费用及其占比，固定资产折旧费在成本中占比最大，大致在40%～45%；利息支出导致的财务费用在运营期第一阶段（折旧＋还本付息）是成本中占比第二大项目，其占比随着本金的偿还将逐步下降；水电站修理费按固定资产的 1% 提取，这部分占总成本的 10% 左右；剩余的成本构成包括燃料及动力费、保险费（非强制险种）、职工薪酬、材料费和其他费用。

3.2.4　核能发电厂全生命周期成本分析

核电全生命周期成本主要包括建设期成本和运营期成本，具体主要包括以下内容：核电站建设前期的开发成本，建造核电站消耗的建筑材料费用，发电所耗燃料（专业物料和组件加工费）和专用材料（如重水等）费用，生产用机械设备、厂房的维修支出及折旧费用，核电站耗用的非专业材料、燃料与动力（如燃油、化学试剂、外购水及外购油等）费用，核电站人员工资、各种附加及应缴各项社会统筹保险费用，核电站其他日常管理与维护费用，财务费用（如基建贷款、重组搭桥贷款等），核电站退役处置费用。

3.2.5　风力发电厂全生命周期成本分析

风电站生命周期成本主要包括建设期成本和运营期成本。建设期成本主要由建设成本构成，运营期成本主要由运行成本、运维成本和资金成本构成。

风电站的建设成本由风电设备及安装成本、建筑工程成本、其他费用构成。其中，风电设备及安装成本包括发电设备及安装工程、升压变电设备及安装工程、通信和控制设备及监视系统、其他设备及安装工程等，建筑工程成本包括发电设备基础工程、变配电工程、房屋建筑工程、打井取水工程、交通工程、场内辅助工程及其他，其他费用包括建设用地费、建设管理费、生产准备费、勘察设计费、预备费、建设期贷款利息等。

风电项目运行成本由折旧费、职工工资及福利费、保险费、其他费用构成。折旧费按风电场项目建设成本乘以综合折旧率计算，综合折旧率源于风电项目可研报告分析。职工工资及福利费由各项目职工人数及工资水平决定，职工福利费、社保统筹和住房公积金按41％提取，具体数据源于风电项目可研报告分析，并根据实际发生额进行调整。保险费包括固定资产保险和其他保险，按照建设成本乘以保险系数计算，并根据实际发生额进行调整。其他费用包括材料费及其他费用，一般按照定额预测。

风电项目运维成本由项目风机机组老化情况决定，前两年风机一般故障较少，因此运维成本不高，随着运行年份增加，一般运维成本会逐年提高。

风电项目资金成本按各项目贷款数与贷款年利率计算得出，各项目贷款比例及年利率根据收支情况确定。

3.2.6 光伏发电厂全生命周期成本分析

光伏发电厂生命周期成本主要包括建设期成本和运营期成本。建设期成本主要由建设投资成本构成，运营期成本主要由运行成本、运维成本和资金成本构成。

光伏电站的项目投资成本按常规工程费用划分，具体分为五个内容：设备费、建安工程费、其他工程费、利息及预备费用。其中，设备费包括发电设备、升压变电设备、通信设备和其他设备费，建安工程费包括建筑工程、安装工程两部分，其他工程费主要有建设用地、建设管理、生产准备、勘察准备等部分的投资费用。在光伏发电的实际项目中，项目投资高昂的主要原因是居高不下的工程设备费。通常情况下，工程设备投资就占据项目初始投资的50％以上，是影响发电成本的关键核心。

光伏发电项目的运维成本较低，主要是体现在项目不需要传统发电方式的燃料费用，其主要运维成本包括光伏发电组件的修理维护、人员工资福利、保险费用及其他运维成本。

关于光伏发电项目的资金成本,根据我国税务相关规定,项目税收具体分为增值税、企业所得税、土地使用相关费用、城市维护建设税、教育附加等各类税费。其中,我国对光伏发电项目实行企业所得税"前三年免征,后三年减半"的优惠税收政策。同时,减半征收增值税,即增值税费税率为6.5%。其他税率按照税务规定设定,分别为城市维护建设税5%,教育税附加3%,土地使用税按照土地性质进行征收。

3.3 多元发电主体平准化度电成本模型构建

美国国家可再生能源实验室（NREL）把LCOE定义为平准化度电成本,以光伏发电项目为例,LCOE是指光伏发电项目单位发电量的综合成本,即光伏发电项目在运营期内发生的所有成本与全部发电量的现值的比值。

$$V_{\text{LCOE}} = \frac{I_0 + \sum_{n=1}^{N} \frac{C_n}{(1+d)^t}}{\sum_{n=1}^{N} \frac{Q_n}{(1+d)^t}} \tag{3-2}$$

式中:V_{LCOE}为平准化度电成本;I_0为初始投资;Q_n为系统第n年的发电量或节省的能源;C_n为第n年的运营成本,包括运营维护成本、新增投资成本、财务支出和维修费用等;d为折现率;N为系统运营年限。

为了更好地对比不同发电机组的平准化度电成本水平,排除地区间财税、金融、投资环境等因素的差异化影响,参考中国能源行业标准《光伏发电系统效能规范》（NB/T 10394—2020）使用的LCOE公式,本书构建了各类发电主体平准化度电成本基本模型,如下所示。

$$V_{\text{LCOE}} = \dfrac{I_0 - \sum\limits_{t=1}^{T}\dfrac{I_t}{(1+d)^t} - \sum\limits_{t=1}^{T}\dfrac{V_R}{(1+d)^t} + \sum\limits_{t=1}^{T}\dfrac{M_t}{(1+d)^t}}{\sum\limits_{t=1}^{T}\dfrac{E_t}{(1+d)^t}}$$

(3-3)

式中：V_{LCOE} 为平准化度电成本，I_0 为静态投资，T 为项目寿命期，I_t 为第 t 年的增值税抵扣，V_R 为项目残值，M_t 为第 t 年的各类成本支出（不含利息），E_t 为第 t 年发电量，d 是项目的折现率。

分子的整体含义为：将初始投资与未来各年成本和税收抵扣与残值之差按折现率 d 折现至第 t 年（一般指资本金开始投入的前一年）的金额；分母的含义为：将未来各年发电量按折现率 d 折现至第 t 年的发电量。

不同发电机组包含的各类成本不同，"双碳"目标对火电、新能源等发电机组的成本也会产生一定的影响，如火电机组的三改联动费用带来的成本，风电、光伏发电机组的偏差考核费和辅助服务费带来的成本等。因此，在构建各类典型发电机组平准化度电成本 LCOE 模型时，需要在式（3-3）的基础上，引入新的成本因素，进而构建适用于不同发电类型机组的平准化度电成本模型，具体如下所述。

3.3.1 火电机组平准化度电成本模型构建

火电机组平准化度电成本测算模型如下所示。

$$V_{\text{LCOE}} = \dfrac{I_1 - \sum\limits_{t=1}^{T}\dfrac{I_t}{(1+d)^t} - \sum\limits_{t=1}^{T}\dfrac{V_R}{(1+d)^t} + \sum\limits_{t=1}^{T}\dfrac{M_1 + M_2 + M_3 + M_4}{(1+d)^t}}{\sum\limits_{t=1}^{T}\dfrac{E_t}{(1+d)^t}}$$

(3-4)

式中：V_{LCOE} 为平准化度电成本，I_1 为投资成本（建筑工程费、安装工程费、设备购置费、建设期利息和其他费用），T 为项目寿命期，I_t 为第 t 年的增值税抵扣，V_R 为项目残值，M_1 为年运维费，M_2 为年燃料费，M_3 为年大修费，M_4 为其他变动成本，E_t 为第 t 年发电量，d 是项目的折现率（一般可取全投资回报率，下同）。

考虑"双碳"目标对火电机组成本的影响时，火电机组平准化度电成本测算模型在式（3-4）的基础上优化，如下所示。

$$V_{\text{LCOE}} = \frac{I_1 + I_2 + I_3 + I_4 - \sum_{t=1}^{T} \frac{I_t}{(1+d)^t} - \sum_{t=1}^{T} \frac{V_R}{(1+d)^t} + \sum_{t=1}^{T} \frac{M_1 + M_2 + M_3 + M_4 + M_5}{(1+d)^t}}{\sum_{t=1}^{T} \frac{E_t}{(1+d)^t}}$$

（3-5）

式中："双碳"目标对火电机组成本的影响体现在 I_2 节能改造费，I_3 灵活性改造费，I_4 供热改造费和 M_5 碳配额购买费。

3.3.2 水电机组平准化度电成本模型构建

水电机组平准化度电成本测算模型如下所示。

$$V_{\text{LCOE}} = \frac{I_5 - \sum_{t=1}^{T} \frac{I_t}{(1+d)^t} - \sum_{t=1}^{T} \frac{V_R}{(1+d)^t} + \sum_{t=1}^{T} \frac{M_1 + M_3 + M_4 + M_6}{(1+d)^t}}{\sum_{t=1}^{T} \frac{E_t}{(1+d)^t}}$$

（3-6）

式中：V_{LCOE} 为平准化度电成本，I_5 为水电机组投资成本（枢纽工程费、建设征地移民安置补偿、独立费用、建设期利息和其他费用），T 为项目寿命期，I_t 为第 t 年的增值税抵扣，V_R 为项目残值，M_1 为年运维费，M_3 为年大修费，M_4 为其他变动成本，M_6 为年技改费，E_t 为第 t 年发电量，d 是项目的折现率。

3.3.3 核电机组平准化度电成本模型构建

核电机组平准化度电成本测算模型如下所示。

$$V_{\text{LCOE}} = \frac{I_6 - \sum_{t=1}^{T} \frac{I_t}{(1+d)^t} - \sum_{t=1}^{T} \frac{V_R}{(1+d)^t} + \sum_{t=1}^{T} \frac{M_1 + M_2 + M_4}{(1+d)^t}}{\sum_{t=1}^{T} \frac{E_t}{(1+d)^t}}$$

(3-7)

式中：V_{LCOE} 为平准化度电成本，I_6 为核电机组投资成本（建筑工程费、安装工程费、设备购置费、建设期利息和其他费用），T 为项目寿命期，I_t 为第 t 年的增值税抵扣，V_R 为项目残值，M_1 为年运维费，M_2 为年燃料费，M_4 为其他变动成本，E_t 为第 t 年发电量，d 是项目的折现率。

3.3.4 风电机组平准化度电成本模型构建

风电机组平准化度电成本测算模型如下所示。

$$V_{\text{LCOE}} = \frac{I_7 - \sum_{t=1}^{T} \frac{I_t}{(1+d)^t} - \sum_{t=1}^{T} \frac{V_R}{(1+d)^t} + \sum_{t=1}^{T} \frac{M_1 + M_3 + M_4}{(1+d)^t}}{\sum_{t=1}^{T} \frac{E_t}{(1+d)^t}}$$

(3-8)

式中：V_{LCOE} 为平准化度电成本，I_7 为风电机组投资成本（施工辅助工程费、设备及安装工程费、建筑工程费、建设期利息和其他费用），T 为项目寿命期，I_t 为第 t 年的增值税抵扣，V_R 为项目残值，M_1 为年运维费，M_3 为年大修费，M_4 为其他变动成本，E_t 为第 t 年发电量，d 是项目的折现率。

考虑"双碳"目标对风电机组成本的影响时，风电机组平准化度电成本测算模型在式（3-8）基础上优化如下所示。

$$V_{\text{LCOE}} = \frac{I_7 - \sum_{t=1}^{T} \frac{I_t}{(1+d)^t} - \sum_{t=1}^{T} \frac{V_R}{(1+d)^t} + \sum_{t=1}^{T} \frac{M_1 + M_3 + M_4 + M_7}{(1+d)^t}}{\sum_{t=1}^{T} \frac{E_t}{(1+d)^t}}$$

(3-9)

式中："双碳"目标对风电机组成本的影响体现在M_7偏差考核费和辅助服务费。

3.3.5 光伏机组平准化度电成本模型构建

光伏机组平准化度电成本测算模型如下所示。

$$V_{\text{LCOE}} = \frac{I_8 - \sum_{t=1}^{T} \frac{I_t}{(1+d)^t} - \sum_{t=1}^{T} \frac{V_R}{(1+d)^t} + \sum_{t=1}^{T} \frac{M_1 + M_3 + M_4}{(1+d)^t}}{\sum_{t=1}^{T} \frac{E_t}{(1+d)^t}}$$

(3-10)

式中：V_{LCOE}为平准化度电成本，I_8为光伏机组投资成本（设备及安装工程费、建筑工程费、建设期利息和其他费用），T为项目寿命期，I_t为第t年的增值税抵扣，V_R为项目残值，M_1为年运维费，M_3为年大修费，M_4为其他变动成本，E_t为第t年发电量，d是项目的折现率。

考虑"双碳"目标对光伏机组成本的影响时，光伏机组平准化度电成本测算模型在式（3-10）基础上优化如下所示。

$$V_{\text{LCOE}} = \frac{I_8 - \sum_{t=1}^{T} \frac{I_t}{(1+d)^t} - \sum_{t=1}^{T} \frac{V_R}{(1+d)^t} + \sum_{t=1}^{T} \frac{M_1 + M_3 + M_4 + M_7}{(1+d)^t}}{\sum_{t=1}^{T} \frac{E_t}{(1+d)^t}}$$

(3-11)

式中："双碳"目标对光伏机组成本的影响体现在M_7偏差考核费和辅助服务费。

3.4 多元发电主体平准化度电成本测算

通过对典型发电企业进行调研，300MW火电机组单位造价范围为

3 322.28~4 805.71 元/kW，建设期范围为 30~36 个月，经营期范围为 20~30 年，年发电利用小时数范围为 4 254~5 126h，年运维费范围为 17.32~103.20 元/kW，年燃料费范围为 30 000.00~63 184.78 万元/年，其他变动成本范围为 5 337.00~31 665.38 万元/年，残值率变化范围为 3%~5%，厂用电率变化范围为 5.15%~6.20%，全投资基准收益率的变化范围为 6.40%~11.98%。

综合相关企业调研数据、中电联发布的《中国电力行业年度发展报告》《中国电力行业造价管理年度发展报告》，本书 300MW 火电机组基本参数取值如表 3-1 所示。

表 3-1　300MW 火电机组基本参数

指标名称	单位	数值
装机容量	MW	300
单位造价	元/kW	3 459.54
建设期	月	35
经营期	年	30
年发电利用小时数	h	4 500
年运维费	元/kW	26.23
年燃料费	万元/年	30 000.00
节能改造费	元/kW	18.49
灵活性改造费	元/kW	13.62
供热改造费	元/kW	31.75
年大修费	元/kW	6.71
碳配额购买费	万元/年	300
其他变动成本	万元/年	5 337.00
残值率	%	5.00
厂用电率	%	5.93
全投资基准收益率	%	8.00
增值税税率	%	13.00

第3章 多元发电主体成本测算及影响因素分析

通过对典型发电企业进行调研，600MW火电机组单位造价范围为 3 400.80~4 072.00 元/kW，建设期范围为 24~49 个月，经营期范围为 20~30 年，年发电利用小时数范围为 4 427~5 348h，年运维费范围为 0.18~63.00 元/kW，年燃料费范围为 58 000.00~105 514.21 万元/年，其他变动成本范围为 0~7 648.74 万元/年，残值率变化范围为 2.04%~5.00%，厂用电率变化范围为 4.05%~5.40%，全投资基准收益率的变化范围为 6.00%~10.68%。

综合相关企业调研数据、中电联发布的《中国电力行业年度发展报告》《中国电力行业造价管理年度发展报告》，本书 600MW 火电机组基本参数取值如表 3-2 所示。

表 3-2 600MW 火电机组基本参数

指标名称	单位	数值
装机容量	MW	600
单位造价	元/kW	3 488.38
建设期	月	34
经营期	年	30
年发电利用小时数	h	4 734
年运维费	元/kW	27.27
年燃料费	万元/年	58 000.00
节能改造费	元/kW	65.89
灵活性改造费	元/kW	23.08
供热改造费	元/kW	32.27
年大修费	元/kW	27.86
碳配额购买费	万元/年	572.12
其他变动成本	万元/年	5 411.64
残值率	%	5.00
厂用电率	%	4.43

续表

指标名称	单位	数值
全投资基准收益率	％	8.00
增值税税率	％	13.00

通过对典型发电企业进行调研，1 000MW 火电机组单位造价范围为 3 004.52～4 056.00 元/kW，建设期范围为 16～43 个月，经营期为 20～30 年，年发电利用小时数范围为 4 664～5 871h，年运维费范围为 30.00～303.56 元/kW，年燃料费范围为 45 703.89～165 100.00 万元/年，其他变动成本范围为 0～54 660 万元/年，残值率变化范围为 3.00％～5.00％，厂用电率变化范围为 1.56％～3.95％，全投资基准收益率的变化范围为 8.00％～13.78％。

综合相关企业调研数据、中电联发布的《中国电力行业年度发展报告》《中国电力行业造价管理年度发展报告》，本书 1 000MW 火电机组基本参数取值如下表 3－3 所示。

表 3－3　1 000MW 火电机组基本参数

指标名称	单位	数值
装机容量	MW	1 000
单位造价	元/kW	3 075.29
建设期	月	34
经营期	年	30
年发电利用小时数	h	5 017
年运维费	元/kW	38.63
年燃料费	万元/年	81 116.91
节能改造费	元/kW	4.7
灵活性改造费	元/kW	0
供热改造费	元/kW	0

续表

指标名称	单位	数值
年大修费	元/kW	30.68
碳配额成本	万元/年	1 095
其他变动成本	万元/年	17 554.97
残值率	%	5.00
厂用电率	%	3.86
全投资基准收益率	%	8.00
增值税税率	%	13.00

通过对典型发电企业进行调研，燃气发电机组单位造价范围为 2 014.00~4 665.23 元/kW，建设期范围为 18~25 月，经营期均为 20 年，年发电利用小时数范围为 2 128~3 357h，年运维费范围为 11.51~110.00 元/kW，年燃料费范围为 1 592.33~1 978.15 万元/年，其他变动成本范围为 0~228.56 万元/年，残值率变化范围为 3.00%~5.00%，厂用电率变化范围为 1.60%~2.34%，全投资基准收益率的变化范围为 2.40%~9.13%。

综合相关企业调研数据、中电联发布的《中国电力行业年度发展报告》《中国电力行业造价管理年度发展报告》，本书燃气发电机组基本参数取值如表 3-4 所示。

表 3-4 燃气发电机组基本参数

指标名称	单位	数值
装机容量	MW	507.2
单位造价	元/kW	2 316.00
建设期	月	20
经营期	年	20
年发电利用小时数	h	3 355

续表

指标名称	单位	数值
年运维费	元/kW	110
年燃料费	万元/年	1 660.00
节能改造费	元/kW	7.37
灵活性改造费	元/kW	1.47
年大修费	元/kW	23.73
其他变动成本	万元/年	105
残值率	%	5.00
厂用电率	%	1.85
全投资基准收益率	%	6.88
增值税税率	%	13.00

通过对典型发电企业进行调研，水电机组单位造价范围为 7 366.34~16 470.00 元/kW，建设期范围为 36~48 月，经营期均为 30 年，年发电利用小时数范围为 3 209~4 012h，年运维费范围为 0.69~70.40 元/kW，残值率变化范围为 3.00%~5.00%，厂用电率变化范围为 0.22%~0.64%，全投资基准收益率的变化范围为 3.10%~6.87%。

综合相关企业调研数据、中电联发布的《中国电力行业年度发展报告》《中国电力行业造价管理年度发展报告》，本书水电机组基本参数取值如表 3-5 所示。

表 3-5 水电机组基本参数

指标名称	单位	数值
装机容量	MW	147.35
单位造价	元/kW	12 294.00
建设期	月	45
经营期	年	30

续表

指标名称	单位	数值
年发电利用小时数	h	3 606
年运维费	元/kW	17.20
年技改费	元/kW	11.19
年大修费	元/kW	1.08
其他变动成本	元/kW	0
残值率	%	5.00
厂用电率	%	0.43
全投资基准收益率	%	5.00
增值税税率	%	13.00

通过对典型发电企业进行调研，核电机组单位造价为17 000元/kW，建设期为18月，经营期为40年，年发电利用小时数为7 883.00h，年运维费为216元/kW，年燃料费为280元/kW，其他变动成本为56.58万元/年，残值率为5.00%，厂用电率为6.45%，全投资基准收益率的为8.00%。

综合相关企业调研数据、中电联发布的《中国电力行业年度发展报告》《中国电力行业造价管理年度发展报告》，本书核电机组基本参数取值如表3-6所示。

表3-6 核电机组基本参数

指标名称	单位	数值
装机容量	MW	2 500
单位造价	元/kW	17 000.00
建设期	月	18
经营期	年	40
年发电利用小时数	h	7 883

续表

指标名称	单位	数值
年运维费	元/kW	216
年燃料费	元/kW	280
其他变动成本	万元/年	56.58
残值率	%	5.00
厂用电率	%	6.45
全投资基准收益率	%	8.00
增值税税率	%	13.00

通过对典型发电企业进行调研，陆上风电机组单位造价范围为 6 075.53~8 425.00 元/kW，建设期范围为 13~18 个月，经营期均为 20 年，年发电利用小时数范围为 1 748~2 291h，年运维费范围为 0~16.09 元/kW，残值率变化范围为 3.00%~5.00%，厂用电率变化范围为 0.17%~2.51%，全投资基准收益率的变化范围为 2.08%~21.07%。

综合相关企业调研数据、中电联发布的《中国电力行业年度发展报告》《中国电力行业造价管理年度发展报告》，本书陆上风电机组基本参数取值如表 3-7 所示。

表 3-7 陆上风电机组基本参数

指标名称	单位	数值
装机容量	MW	350
单位造价	元/kW	6 307.00
建设期	月	17
经营期	年	20
年发电利用小时数	h	2 231
偏差考核费	万元/年	53.43

续表

指标名称	单位	数值
年运维费	元/kW	13.77
年技改费	元/kW	7.67
年大修费	元/kW	13.45
辅助服务费	万元/年	−83.33
其他变动成本	元/kW	43.33
残值率	%	5.00
厂用电率	%	1.03
全投资基准收益率	%	8.00
增值税税率	%	13.00

通过对典型发电企业进行调研，海上风电机组单位造价范围为 11 593.00~17 743.00 元/kW，建设期范围为 15~43 个月，经营期范围为 20~25 年，年发电利用小时数范围为 2 044~3 565h，年运维费范围为 0~70.72 元/kW，残值率变化范围为 3.00%~5.00%，厂用电率变化范围为 0.15%~3.68%，全投资基准收益率的变化范围为 3.00%~10.58%。

综合相关企业调研数据、中电联发布的《中国电力行业年度发展报告》《中国电力行业造价管理年度发展报告》，本书海上风电机组基本参数取值如表 3-8 所示。

表 3-8 海上风电机组基本参数

指标名称	单位	数值
装机容量	MW	368
单位造价	元/kW	16 628.60
建设期	月	25
经营期	年	25

续表

指标名称	单位	数值
年发电利用小时数	h	3 300
偏差考核费	万元/年	53.43
年运维费	元/kW	33.99
年技改费	元/kW	3.23
年大修费	元/kW	14.46
其他变动成本	元/kW	0.52
残值率	%	5.00
厂用电率	%	1.88
全投资基准收益率	%	8.00
增值税税率	%	13.00

通过对典型发电企业进行调研，光伏发电机组单位造价范围为 3 886.00~5 005.50 元/kW，建设期范围为 4~10 个月，经营期范围为 20~25 年，年发电利用小时数范围为 524~1 470h，年运维费范围为 0~40.00 元/kW，残值率变化范围为 3.00%~5.00%，厂用电率变化范围为 0.50%~2.00%，全投资基准收益率的变化范围为 7.20%~8.34%。

综合相关企业调研数据、中电联发布的《中国电力行业年度发展报告》《中国电力行业造价管理年度发展报告》，本书光伏发电机组基本参数取值如下表 3-9 所示。

表 3-9 光伏发电机组基本参数

指标名称	单位	数值
装机容量	MW	158.75
单位造价	元/kW	4 182.00
建设期	月	7

续表

指标名称	单位	数值
经营期	年	25
年发电利用小时数	h	1 377
偏差考核费	万元/年	13.49
年运维费	元/kW	11.40
年技改费	元/kW	7.74
年大修费	元/kW	9.24
辅助服务费	万元/年	−20.15
其他变动成本	元/kW	26.50
残值率	%	5.00
厂用电率	%	1.38
全投资基准收益率	%	7.46
增值税税率	%	13.00

在确定各类发电机组各类参数数值后，带入 LCOE 计算公式中，即可计算得到各类发电机组的平准化度电成本。以 300MW 火电机组为例，计算得到的含"双碳"目标影响的各类成本参数如表 3-10 所示。

表 3-10　300MW 火电机组成本参数

指标名称	数值	备注
静态投资成本（元/kW）	3 523.40	单位造价成本＋三改联动费
年成本支出（元/kW）	1 220.84	年运维费＋年燃料费＋年大修费＋其他变动成本＋碳配额购买费
发电量（MW·h/年）	1 269 956	装机容量×年发电小时数×（1－厂用电率）
增值税可抵扣额（万元/年）	427.25	（装机成本－残值）×增值税率/经营期
残值（万元）	5 189.31	装机成本×残值率
折现率（%）	8.00	全投资基准收益率

与上例相同，经过计算，本书确定使用的各类发电机组相关参数对比如图3-1～图3-5所示。

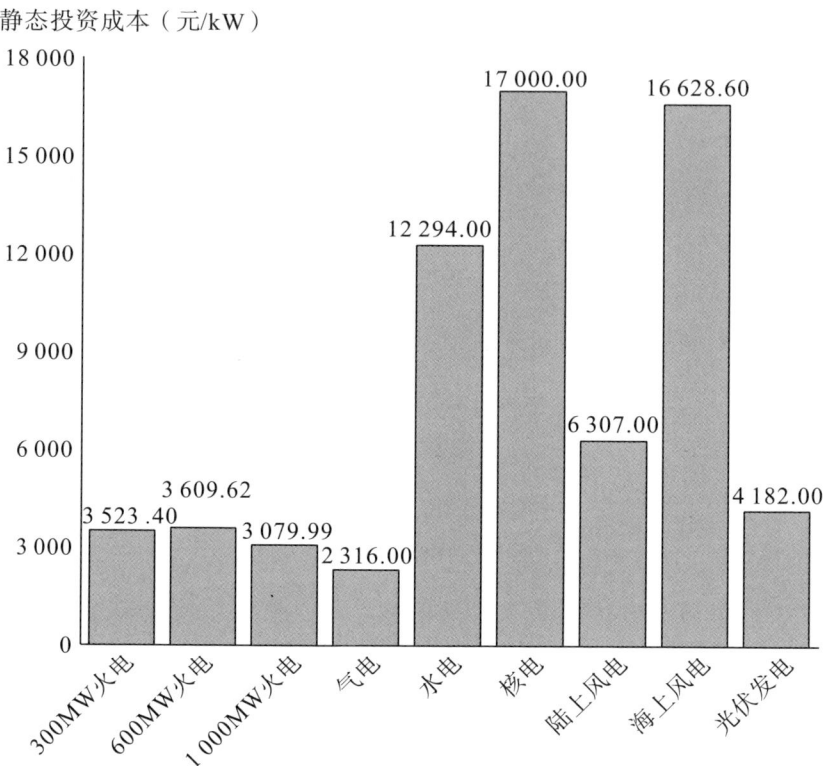

图3-1 各类发电机组静态投资成本对比

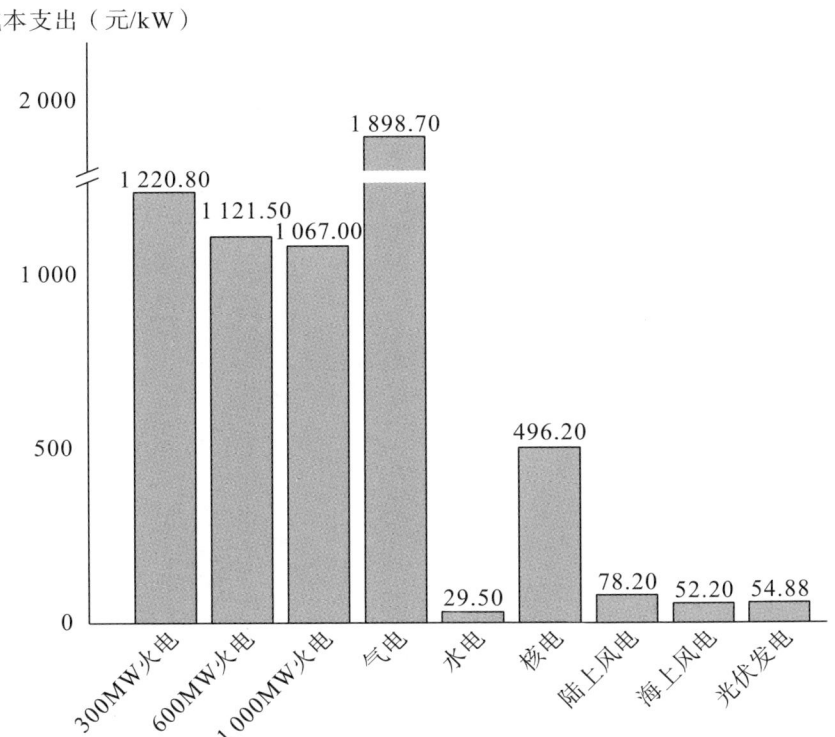

图 3-2 各类发电机组成本支出对比

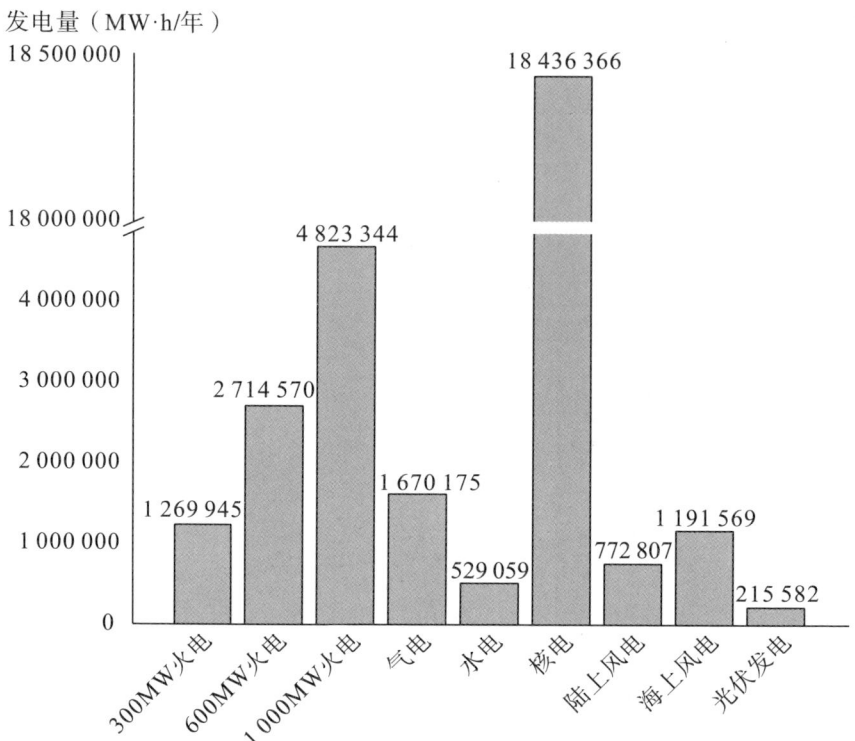

图 3-3 各类发电机组发电量对比

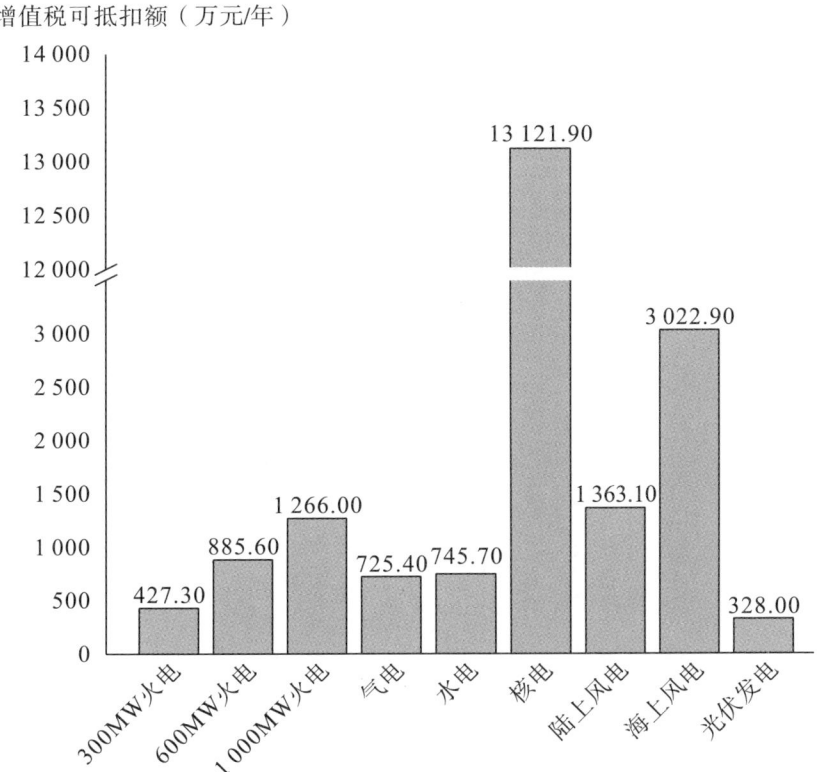

图 3-4 各类发电机组增值税可抵扣额对比

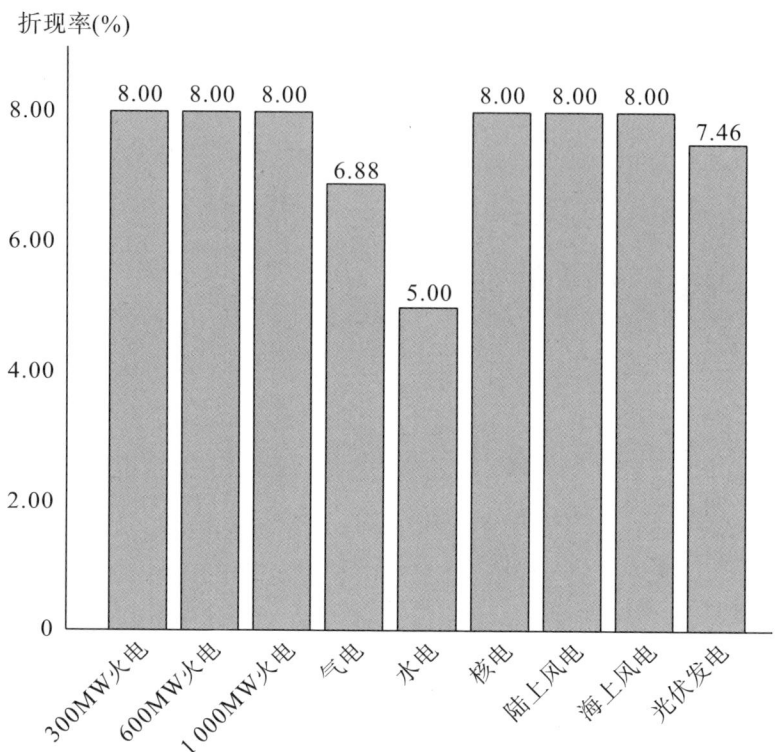

图 3-5 各类发电机组折现率对比

根据各类发电机组相关参数取值和 LCOE 计算公式（3-4）至式（3-11），可计算得到不考虑"双碳"目标影响的各类发电主体的平准化度电成本，结果如图 3-6 所示，单位为元/（kW·h）。

第3章　多元发电主体成本测算及影响因素分析

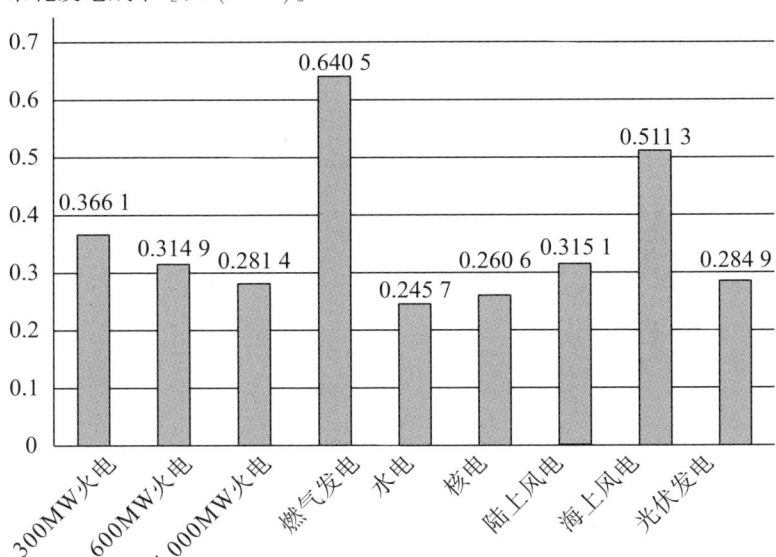

图 3-6　各类发电主体平准化度电成本

由图 3-6 可以看到，燃气发电机组的 LCOE 水平最高，火电机组随着装机容量增加，LCOE 成本下降，其中 1 000MW 火电机组 LCOE 最低，为 0.281 4 元/（kW·h）。可再生能源发电机组中，海上风电机组 LCOE 最高，为 0.511 3 元/（kW·h），这是因为其单机造价成本较高。水电机组 LCOE 是各类发电机组中最低的，为 0.245 7 元/（kW·h）。核电、陆上风电和光伏发电机组 LCOE 分别为 0.260 6 元/（kW·h）、0.315 1 元/（kW·h）、0.284 9 元/（kW·h）。陆上风电的 LCOE 与 600MW 火电机组基本相同，光伏发电机组 LCOE 与 1 000MW 火电机组接近。

考虑"双碳"目标对各类发电主体的影响，火电机组成本加入碳配额购买成本和三改联动成本，新能源机组成本加入偏差考核费和辅助服务费，进而计算得到各类发电主体的平准化度电成本，结果如图 3-7 所示，单位为元/（kW·h）。

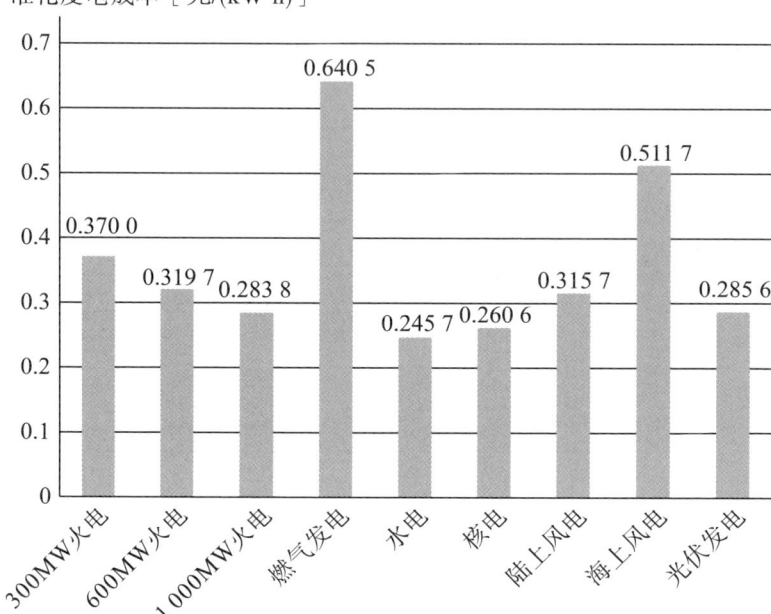

图 3－7 "双碳"影响下的各类发电主体平准化度电成本

可以看出,"双碳"目标将导致火电和新能源等发电主体的平准化度电成本增加。300MW、600MW、1 000MW 火电机组平准化度电成本 LCOE 将由 0.366 1 元/(kW·h)、0.314 9 元/(kW·h)、0.281 4 元/(kW·h) 增加至 0.370 0 元/(kW·h)、0.319 7 元/(kW·h)、0.283 8 元/(kW·h)。陆上风电、海上风电和光伏发电 LCOE 将由 0.315 1 元/(kW·h)、0.511 3 元/(kW·h)、0.284 9 元/(kW·h) 增加至 0.315 7 元/(kW·h)、0.511 7 元/(kW·h)、0.285 6 元/(kW·h)。

2022 年,彭博新能源财经发布的研究报告 *1H 2022 LCOE Update* 给出了 2022 年上半年的各类低碳发电技术的全球平准化度电成本。其中,陆上风电 LCOE 成本在 0.127 3～1.373 5 元/(kW·h),全球加权平均水平为 0.308 2 元/(kW·h);海上风电 LCOE 成本在 0.381 9～1.480 7 元/(kW·h),全球加权平均水平为 0.576 2 元/(kW·h);大型地面固定支架光伏系统 LCOE 成本在 0.167 5～1.487 4 元/(kW·h),

全球加权平均水平为 0.301 5 元/（kW·h）；集中式追踪式光伏系统 LCOE 成本在 0.140 7~0.556 1 元/（kW·h），全球加权平均水平为 0.268 0 元/（kW·h）。

通过对比本书关于我国各类发电机组 LCOE 计算的结果和彭博新能源财经统计数据可以看到，陆上风电 LCOE 稍高于全球加权平均水平，还有一定的下降空间；海上风电和光伏发电 LCOE 低于全球加权平均水平。相较于全球最低水平，我国的陆上风电、海上风电和光伏发电 LCOE 均有一定程度的下降空间。

3.5 多元发电主体平准化度电成本敏感性分析

敏感性分析是一种定量描述模型输入变量对输出变量的重要性程度的方法，它不仅可以使决策者了解不确定因素对评价指标的影响，从而提高决策的准确性，还可以启发评价者对那些较为敏感的因素重新进行分析，以提高预测的可靠性。根据上述计算的各类发电主体的 LCOE 结果，为了更好地识别影响因素，本节采用单因素敏感性分析方法，分别将各类发电机组的单位造价、年运维费、年燃料费、其他变动成本、年发电小时数、折现率、"三改"联动成本、碳价等变动一定比例，计算其 LCOE 相应的变化幅度，目的在于研究影响各类发电主体 LCOE 的各个不确定因素的影响程度。以 300MW 燃煤发电机组为例，图 3-8 到图 3-15 为燃煤发电的敏感性分析。

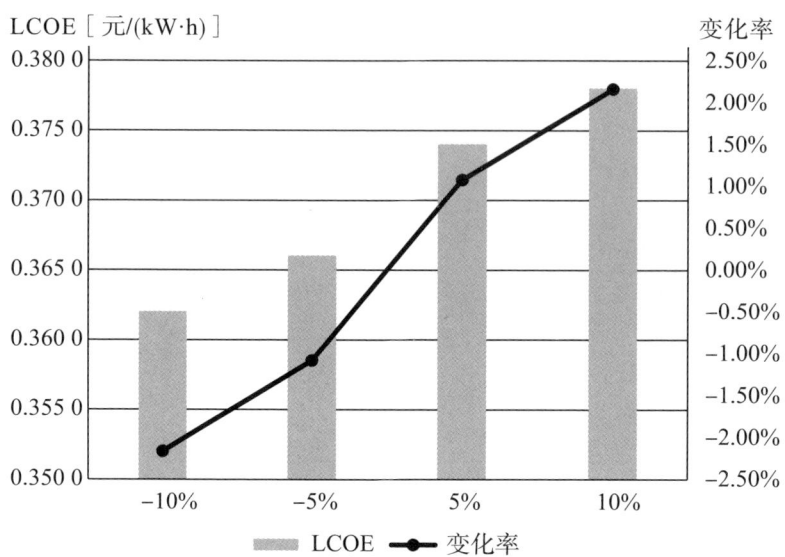

图 3-8 单位造价对燃煤发电 LCOE 影响

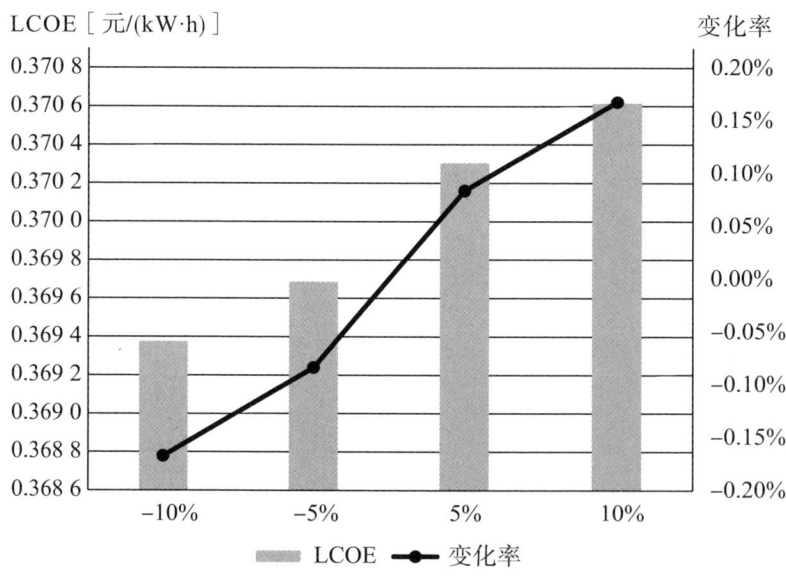

图 3-9 年运维费对燃煤发电 LCOE 影响

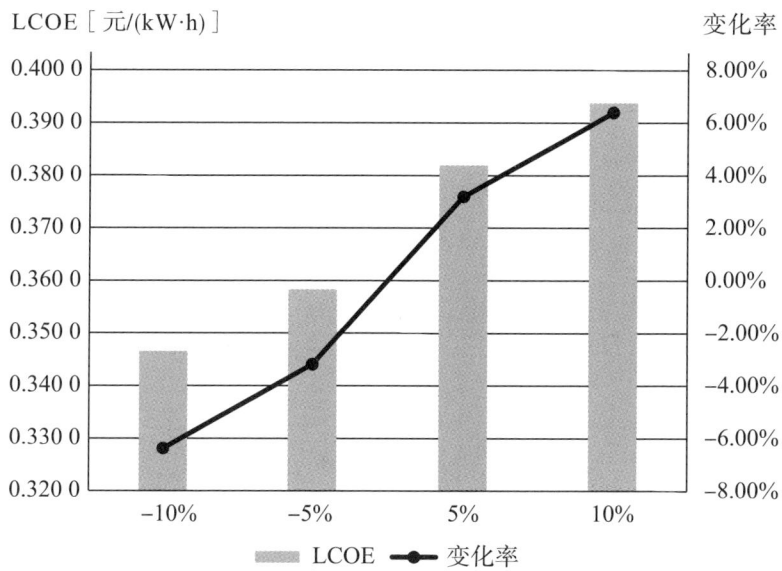

图 3-10 年燃料费对燃煤发电 LCOE 影响

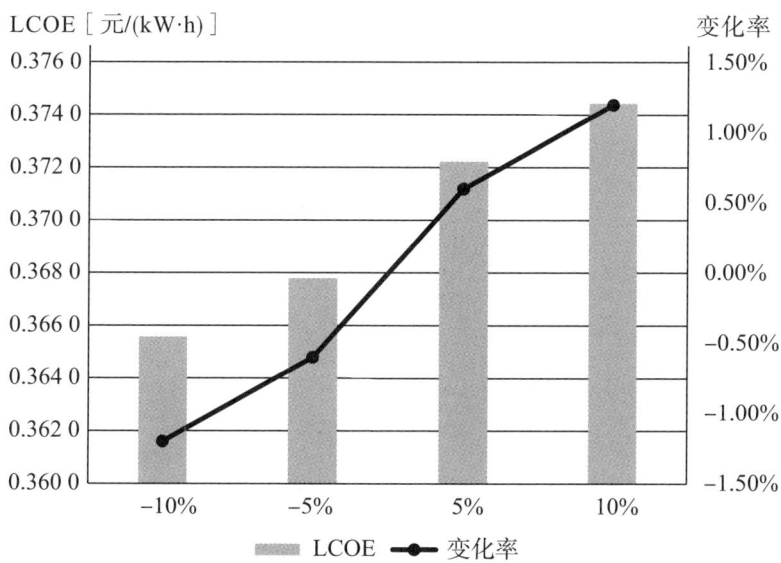

图 3-11 其他变动成本对燃煤发电 LCOE 影响

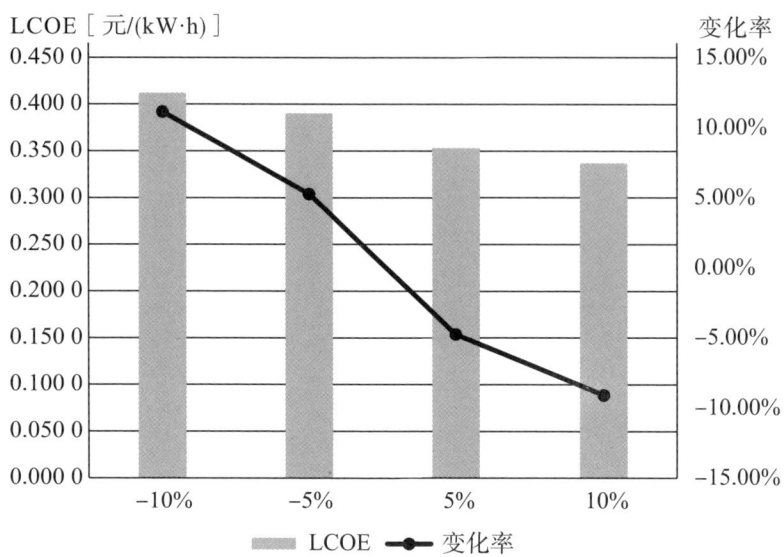

图 3-12　年发电小时数对燃煤发电 LCOE 影响

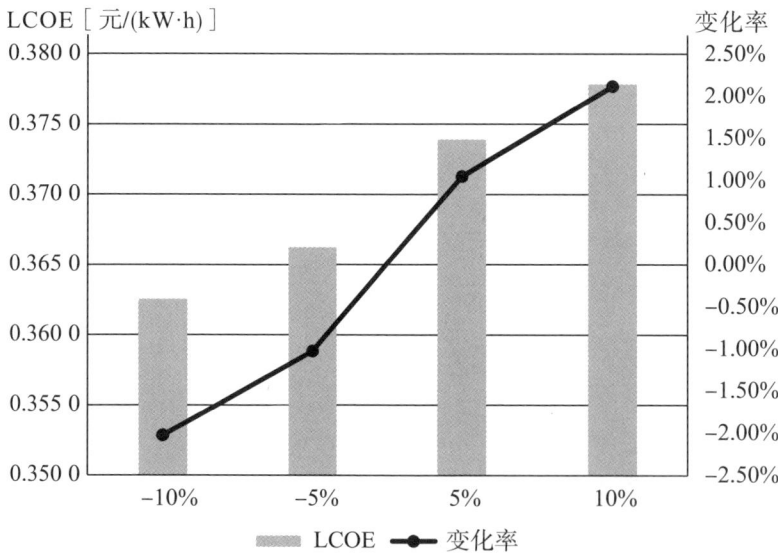

图 3-13　折现率对燃煤发电 LCOE 影响

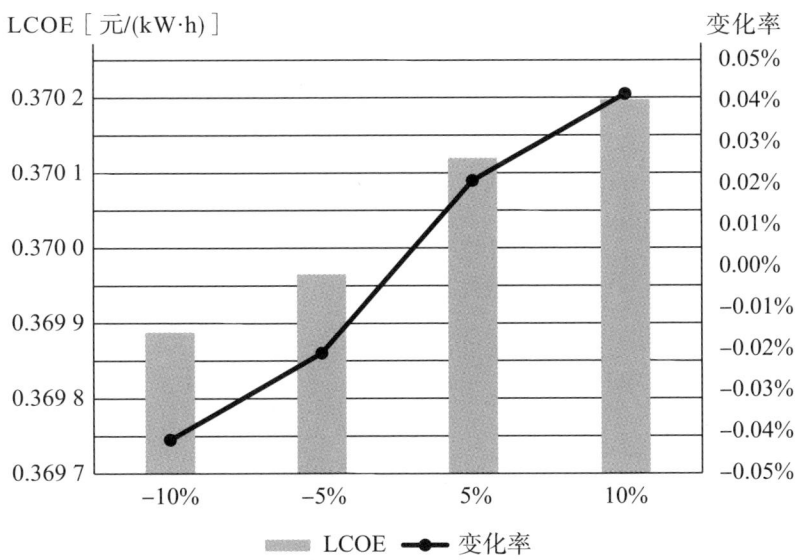

图 3-14 三改联动成本对燃煤发电 LCOE 影响

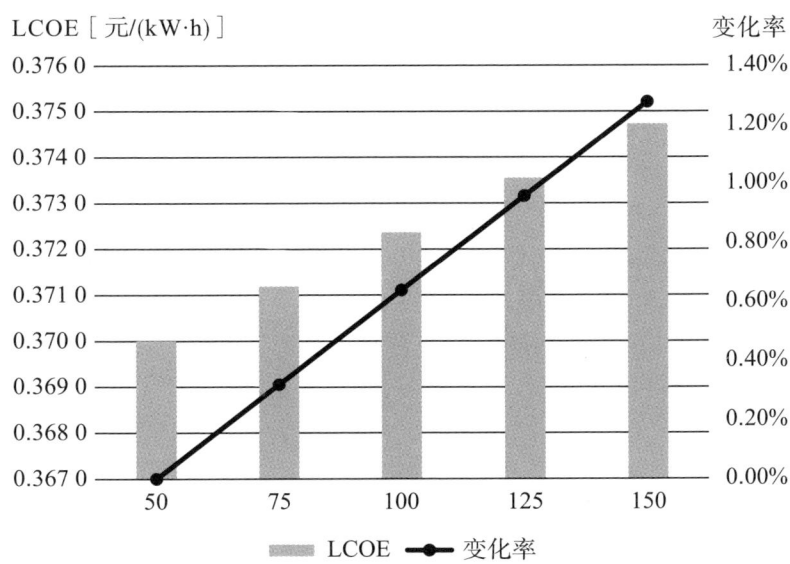

图 3-15 碳价对燃煤发电 LCOE 影响

通过对燃煤发电机组 LCOE 进行敏感性分析可以发现,影响火电机组 LCOE 水平最大的因素是年发电小时数;其次是年燃料费、单位造价和折现率；其他变动成本、年运维费的变动对火电机组 LCOE 影响较小，基本可以忽略不计。在"双碳"目标相关因素影响方面，可以看到三改联动成本的变动对火电机组 LCOE 影响较小，碳价的变动对火电机组 LCOE 的影响较大。当碳价从 50 元/吨涨到 150 元/吨时，火电的 LCOE 也相应地增加了 1.28%。因此，若要降低火电机组的 LCOE 水平，可以通过增加其发电小时数、降低年燃料费和单位造价、低价购买碳配额等途径实现。

燃气发电机组的 LCOE 敏感性分析如图 3-16 到图 3-21 所示。

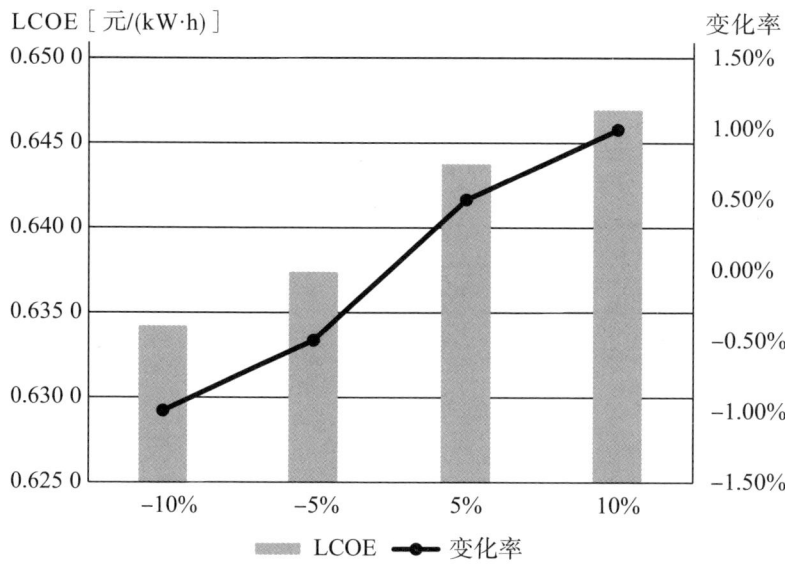

图 3-16 单位造价对燃气发电 LCOE 影响

第 3 章 多元发电主体成本测算及影响因素分析

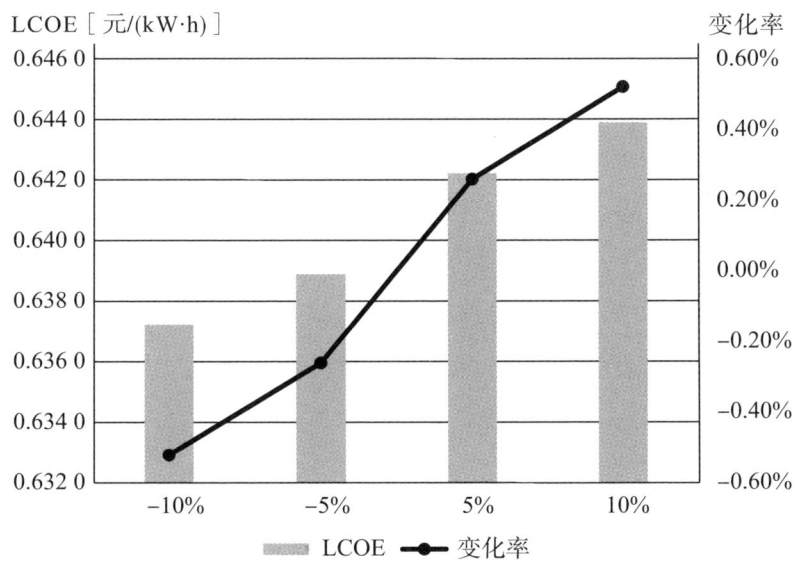

图 3-17 年运维费对燃气发电 LCOE 影响

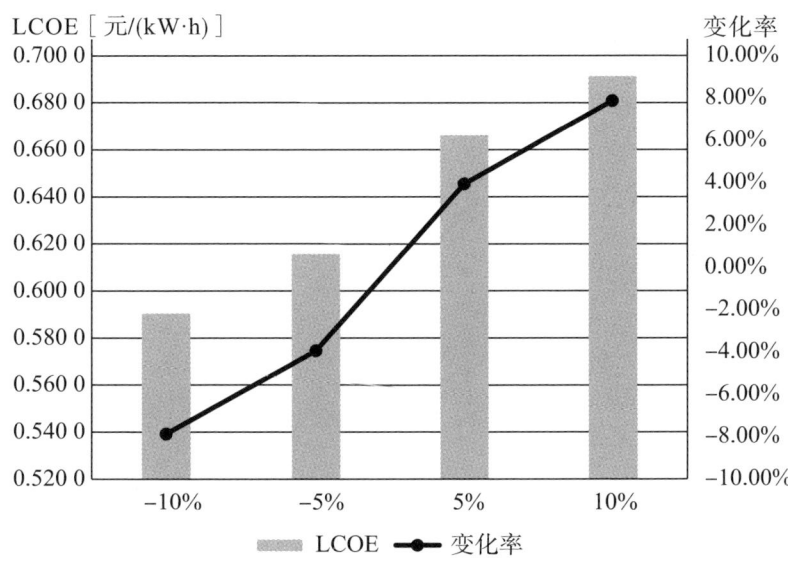

图 3-18 年燃料费对燃气发电 LCOE 影响

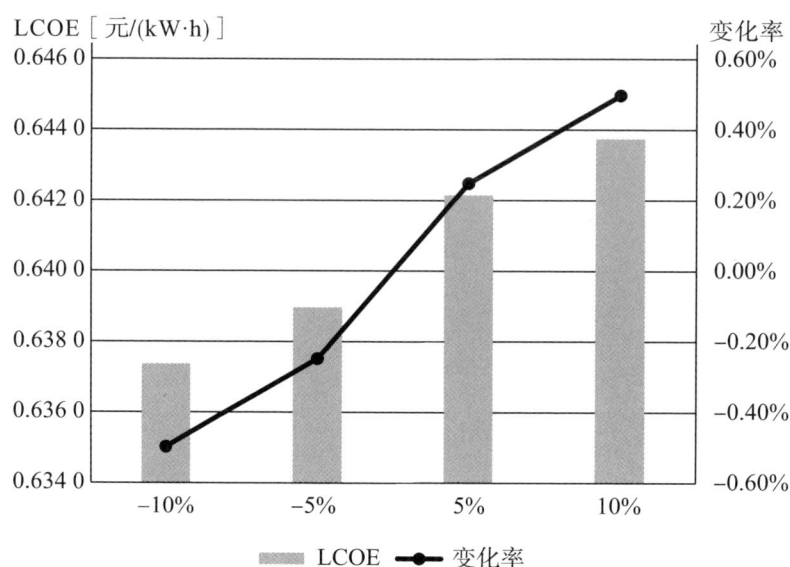

图 3-19 其他变动成本对燃气发电 LCOE 影响

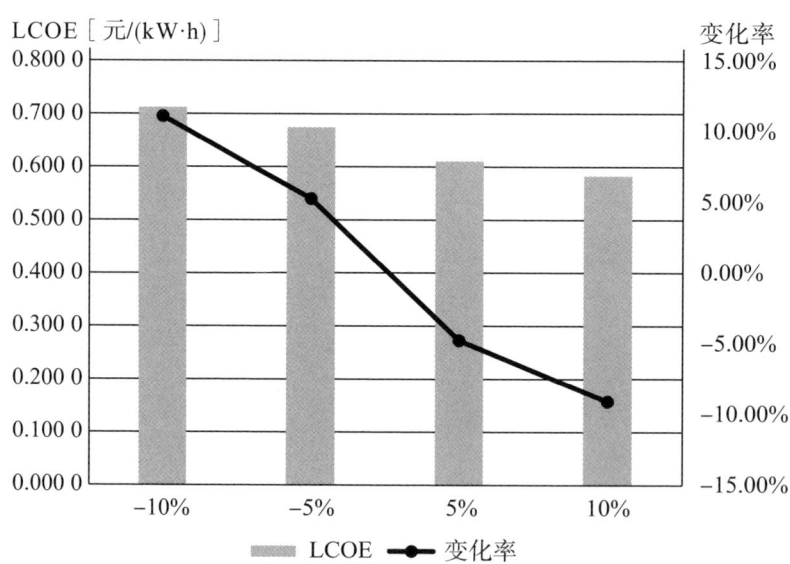

图 3-20 年发电小时数对燃气发电 LCOE 影响

第3章 多元发电主体成本测算及影响因素分析

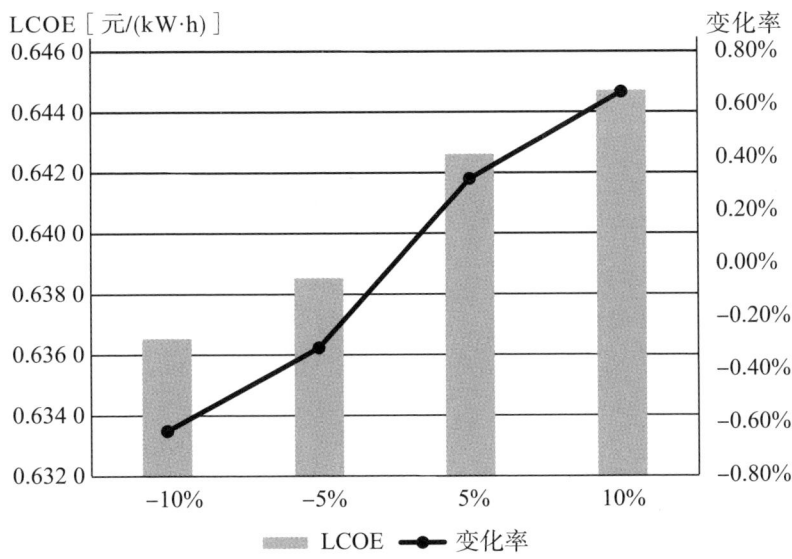

图 3-21 折现率对燃气发电 LCOE 影响

通过分析燃气发电机组 LCOE 敏感性可以发现,影响燃气机组 LCOE 水平最大的因素是年发电小时数;其次是年燃料费和单位造价;折现率、其他变动成本和年运维费的变动对燃气机组 LCOE 影响较小,基本可以忽略不计。因此,若要降低燃气机组的 LCOE 水平,可以通过增加其发电小时数、降低年燃料费和单位造价实现。

水力发电机组的 LCOE 敏感性分析如图 3-22 到图 3-26 所示。

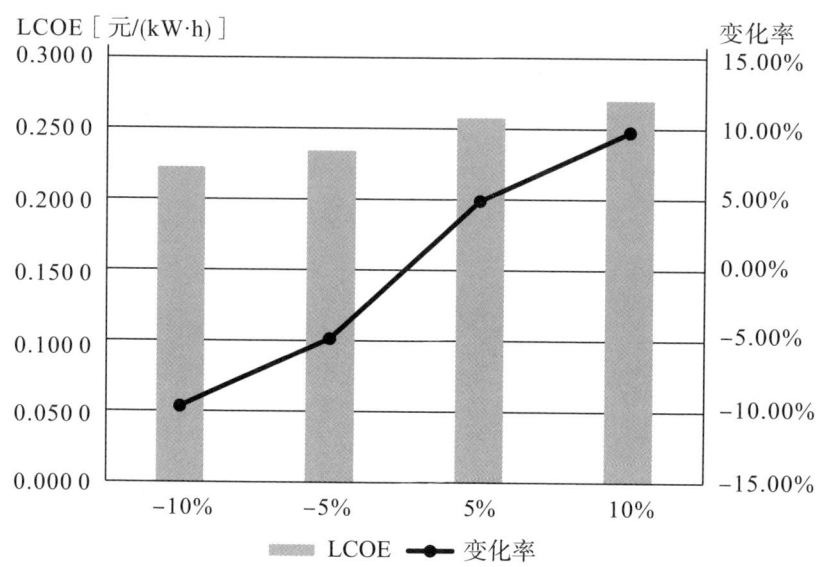

图 3−22　单位造价对水力发电 LCOE 影响

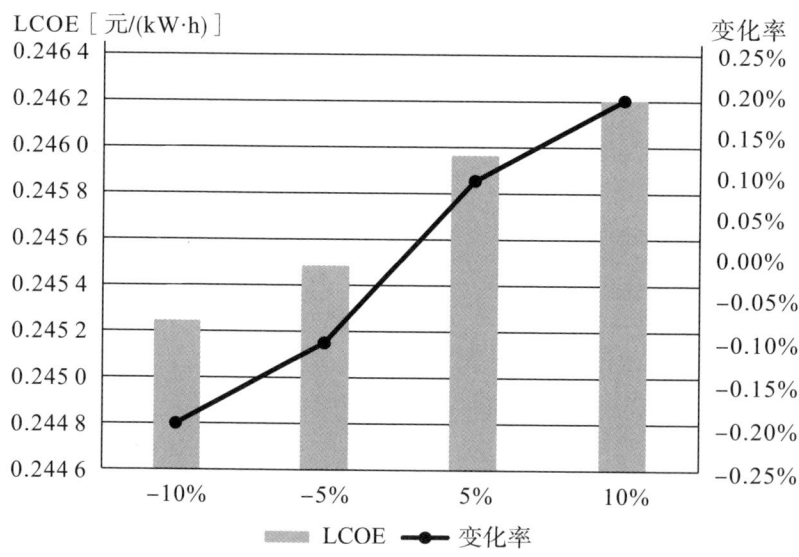

图 3−23　年运维费对水力发电 LCOE 影响

第 3 章 多元发电主体成本测算及影响因素分析

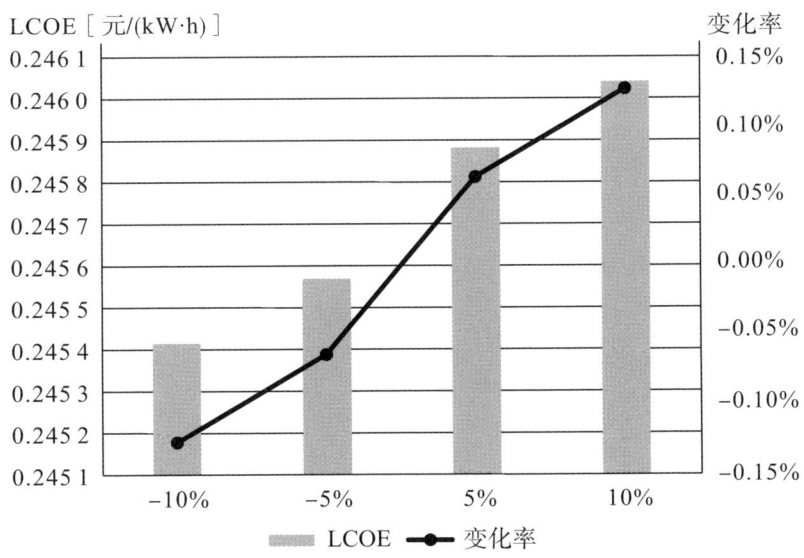

图 3-24 年技改费对水力发电 LCOE 影响

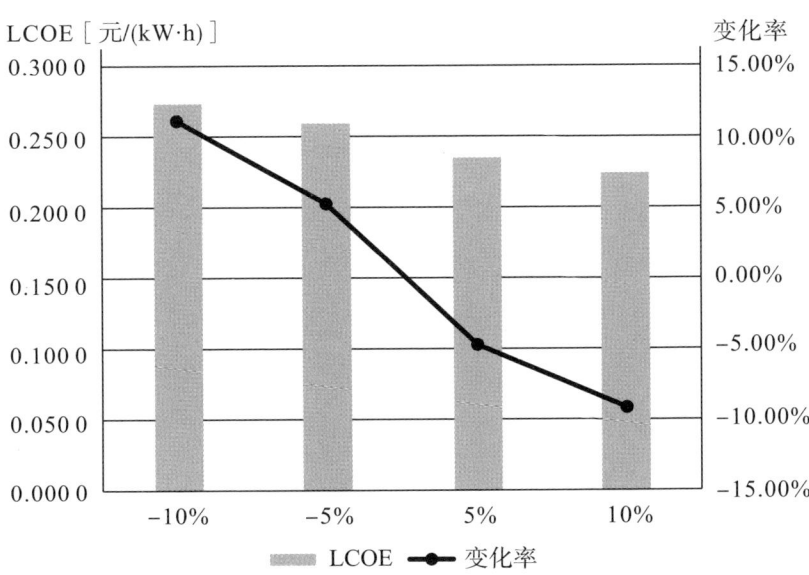

图 3-25 年发电小时数对水力发电 LCOE 影响

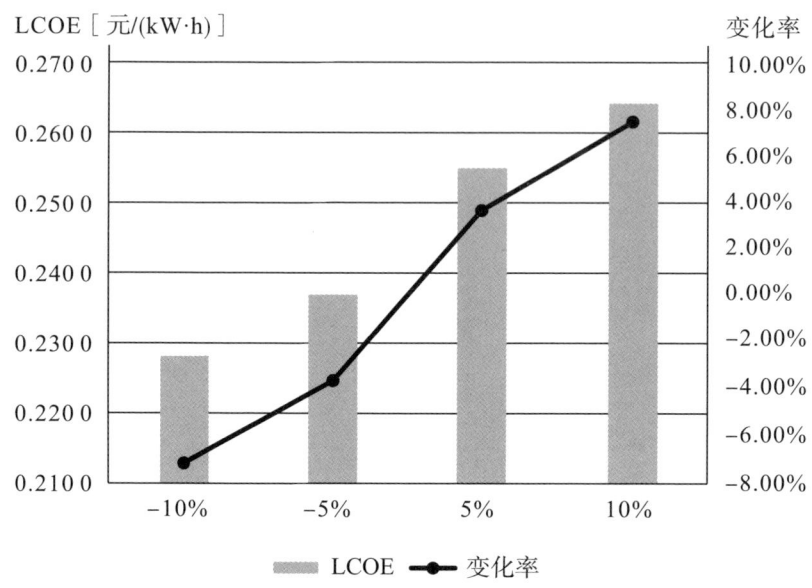

图 3-26 折现率对水力发电 LCOE 影响

通过分析水力发电机组 LCOE 敏感性可以发现，影响水电机组 LCOE 水平最大的因素是年发电小时数；其次是单位造价和折现率；年技改费和年运维费的变动对水电机组 LCOE 影响较小，基本可以忽略不计。因此，若要降低水电机组的 LCOE 水平，可以通过增加其发电小时数、降低折现率和单位造价实现。

核能发电的 LCOE 敏感性分析如图 3-27 到图 3-31 所示。

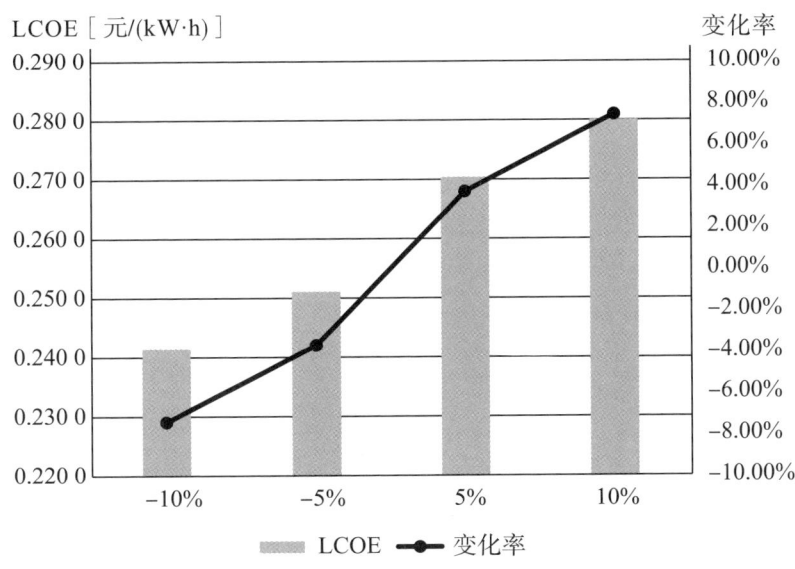

图 3-27 单位造价对核能发电 LCOE 影响

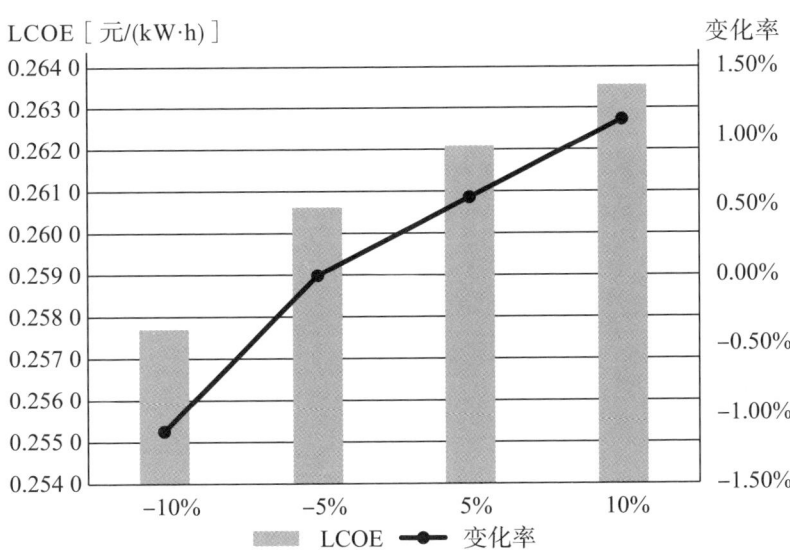

图 3-28 年运维费对核能发电 LCOE 影响

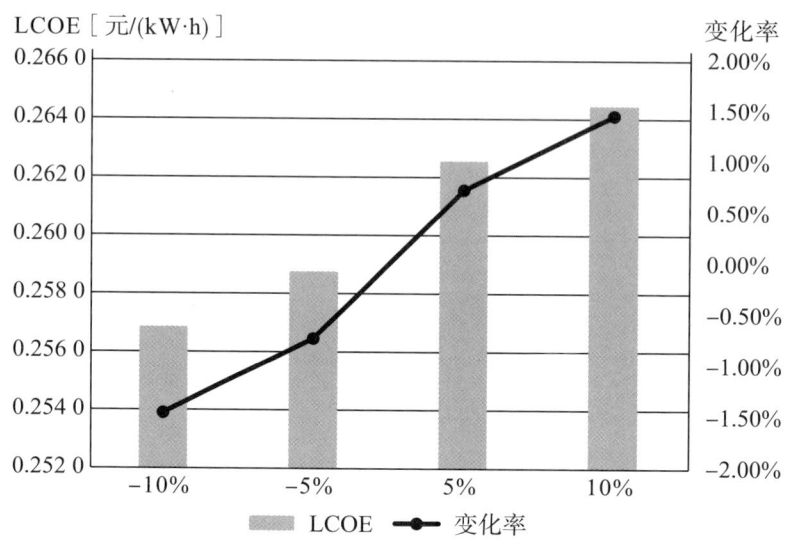

图 3-29　年燃料费对核能发电 LCOE 影响

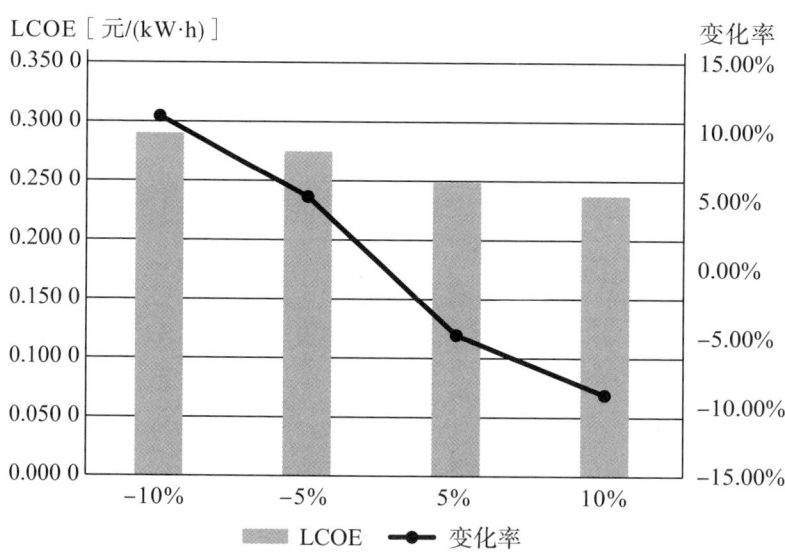

图 3-30　年发电小时数对核能发电 LCOE 影响

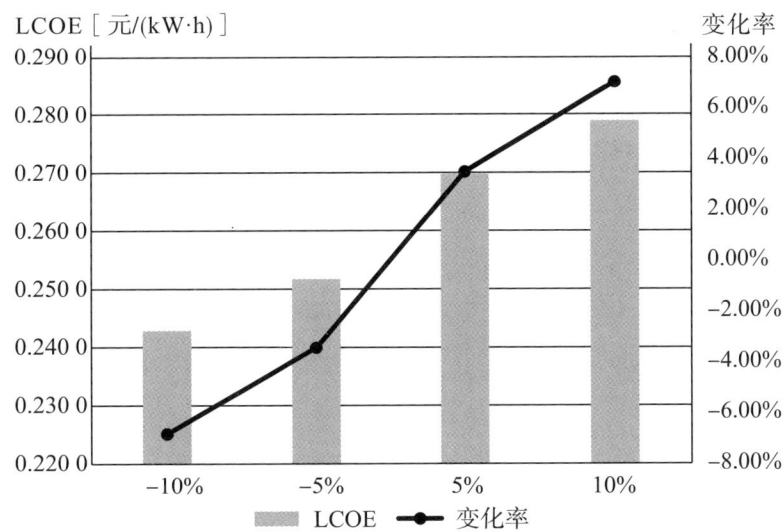

图 3-31 折现率对核能发电 LCOE 影响

通过分析核能发电机组 LCOE 敏感性可以发现，影响核电机组 LCOE 水平最大的因素是年发电小时数；其次是单位造价和折现率；年运维费和年燃料费对核电机组 LCOE 影响较小。因此，若要降低核电机组的 LCOE 水平，可以通过增加其发电小时数、降低折现率、年运维费和单位造价实现。

陆上风力发电的 LCOE 敏感性分析如图 3-32 到图 3-37 所示。

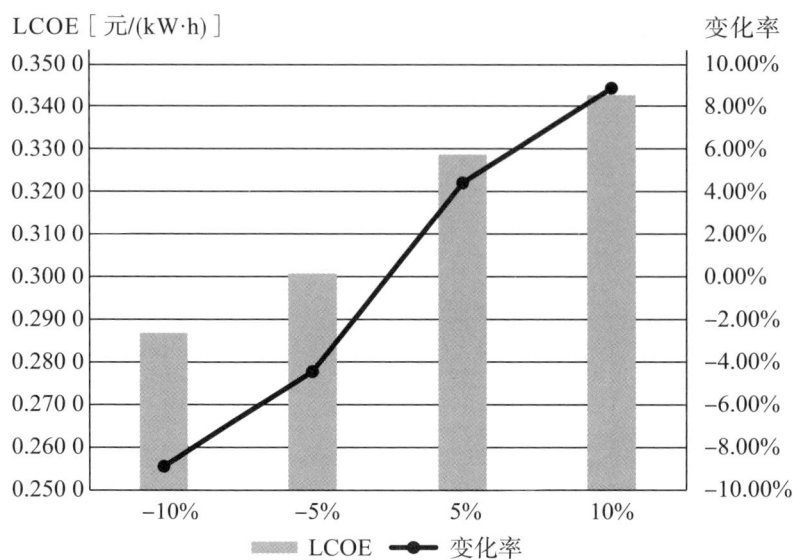

图 3-32 单位造价对陆上风力发电 LCOE 影响

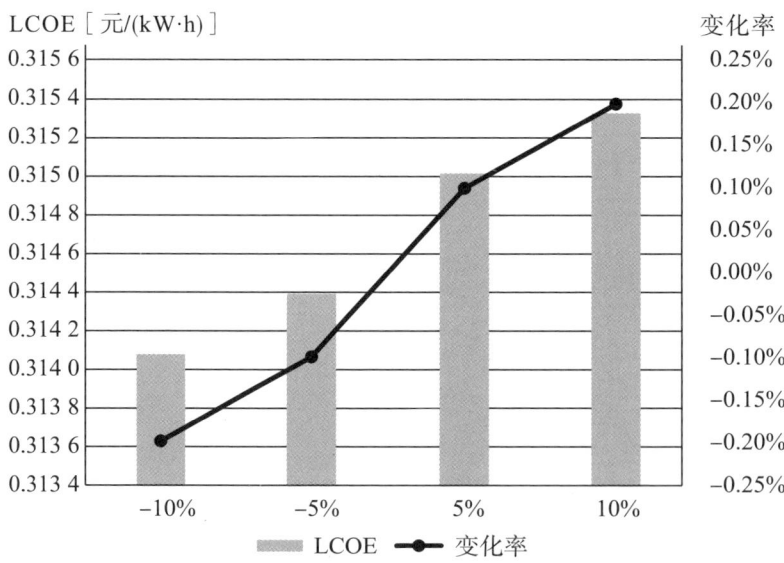

图 3-33 年运维费对陆上风力发电 LCOE 影响

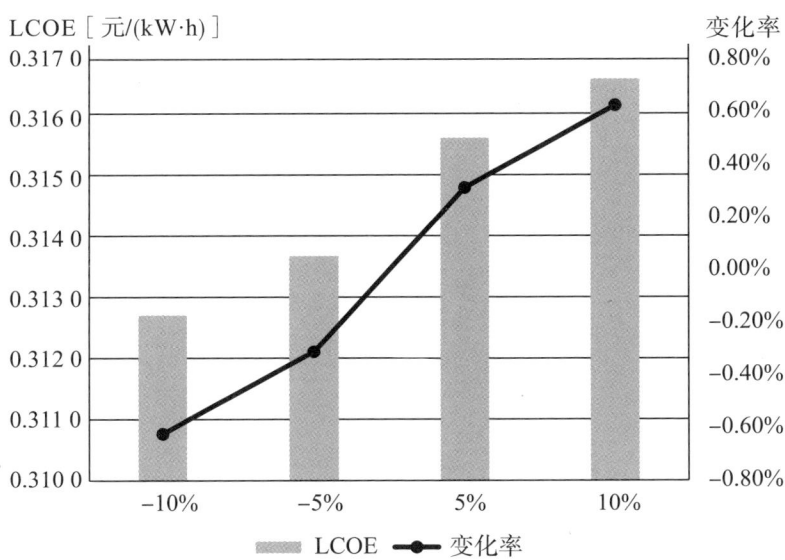

图 3-34 其他变动成本对陆上风力发电 LCOE 影响

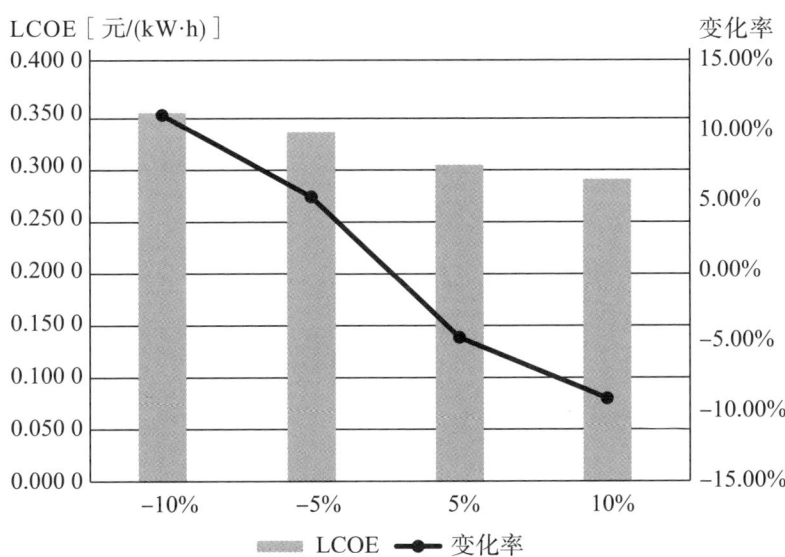

图 3-35 年发电小时数对陆上风力发电 LCOE 影响

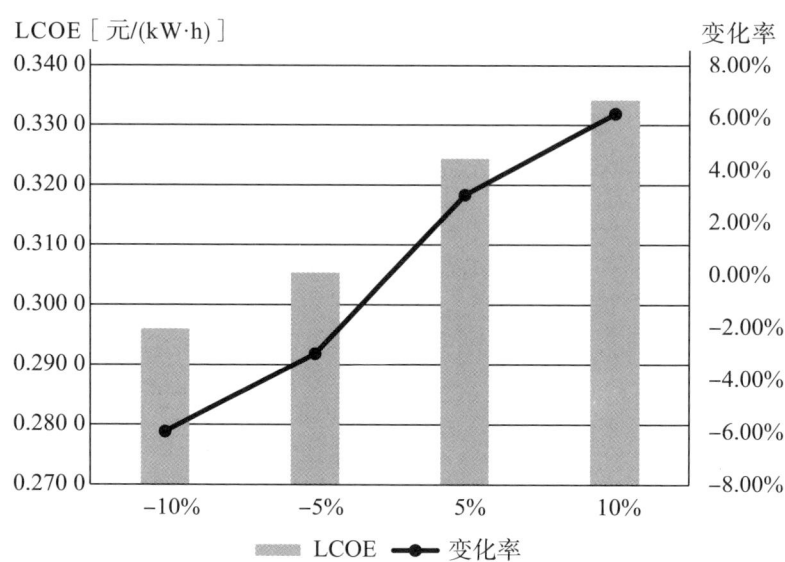

图 3-36 折现率对陆上风力发电 LCOE 影响

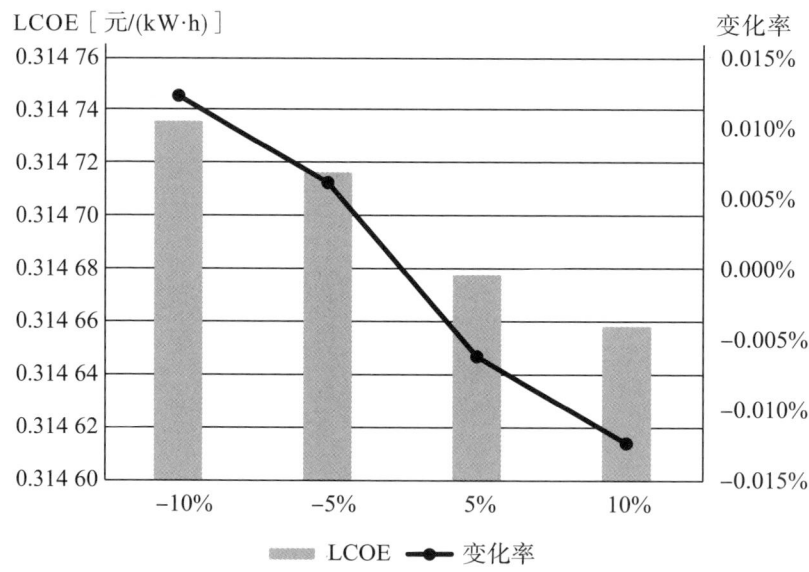

图 3-37 偏差考核和辅助服务费对陆上风力发电 LCOE 影响

通过分析陆上风力发电机组 LCOE 敏感性可以发现，影响陆上风力发电机组 LCOE 最大的因素是年发电小时数；其次是单位造价和折现率；年运维费、其他变动成本、偏差考核和辅助服务费对陆上风力发电机组 LCOE 影响较小，基本可以忽略不计。因此，若要降低陆上风力发电机组的 LCOE 水平，可以通过增加其发电小时数、降低折现率和单位造价实现。

海上风力发电的敏感性分析如图 3-38 到图 3-43 所示。

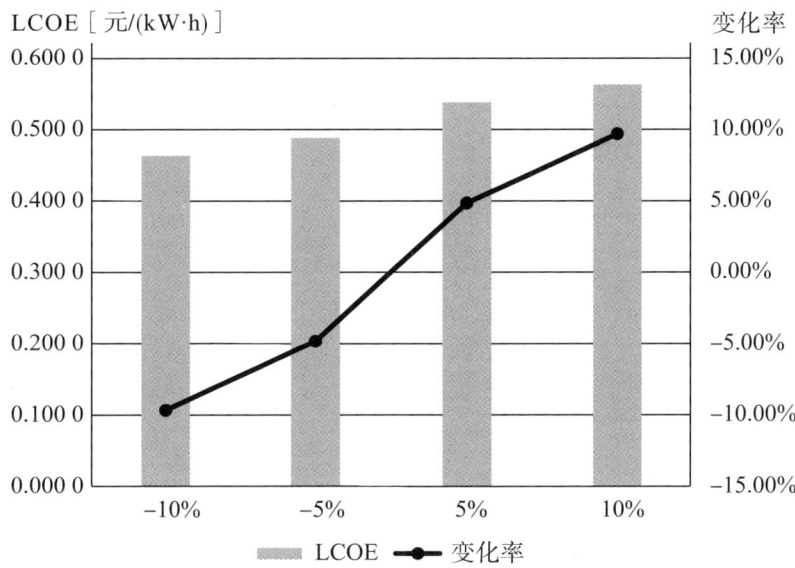

图 3-38　单位造价对海上风力发电 LCOE 影响

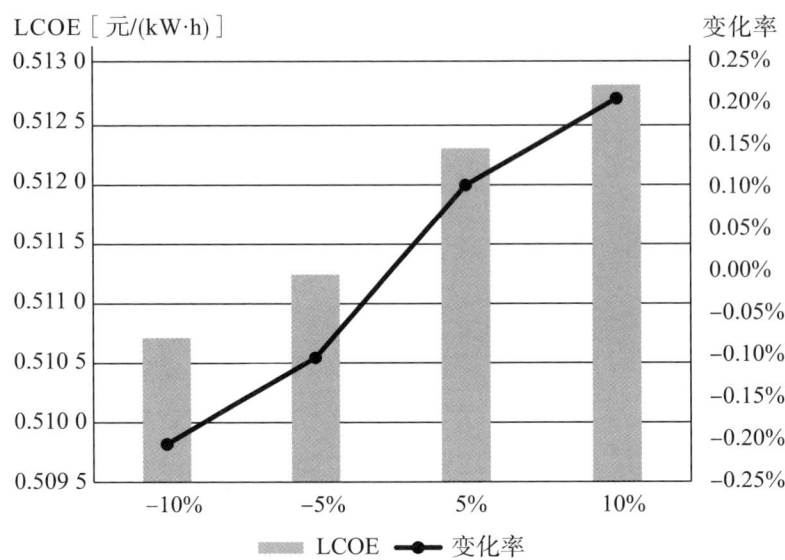

图 3-39　年运维费对海上风力发电 LCOE 影响

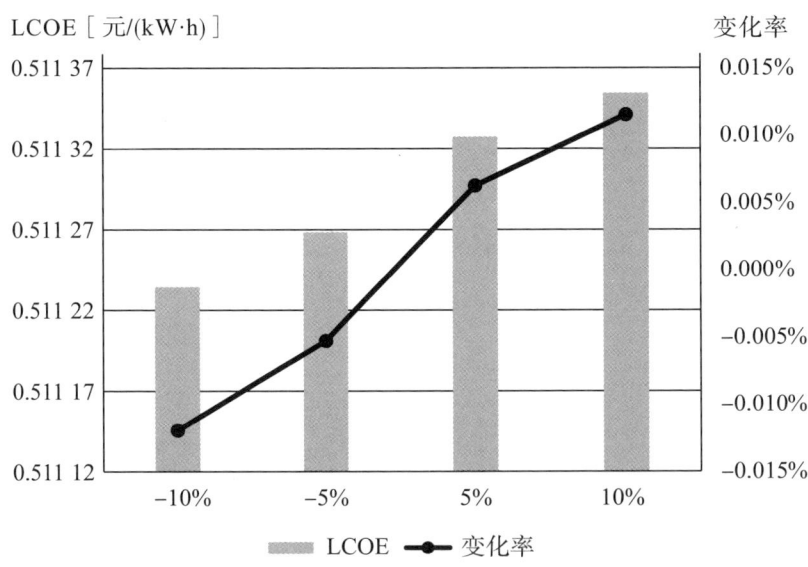

图 3-40　其他变动成本对海上风力发电 LCOE 影响

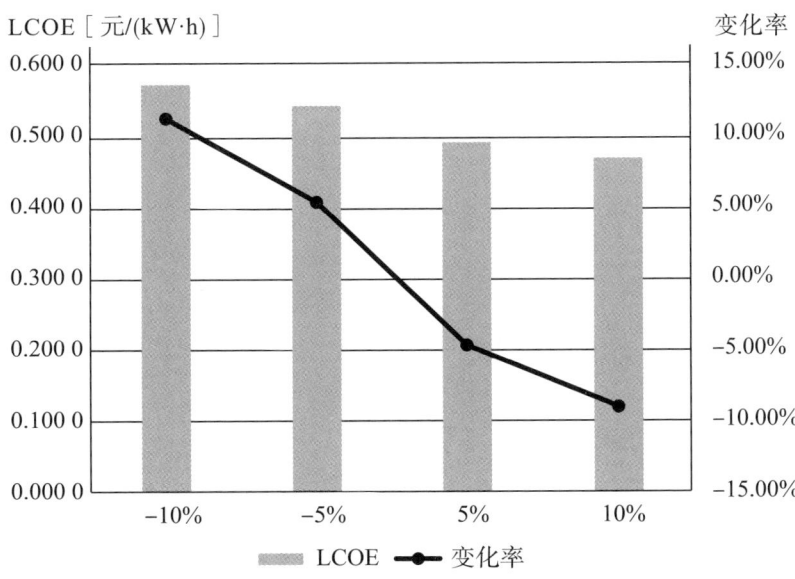

图 3-41 年发电小时数对海上风力发电 LCOE 影响

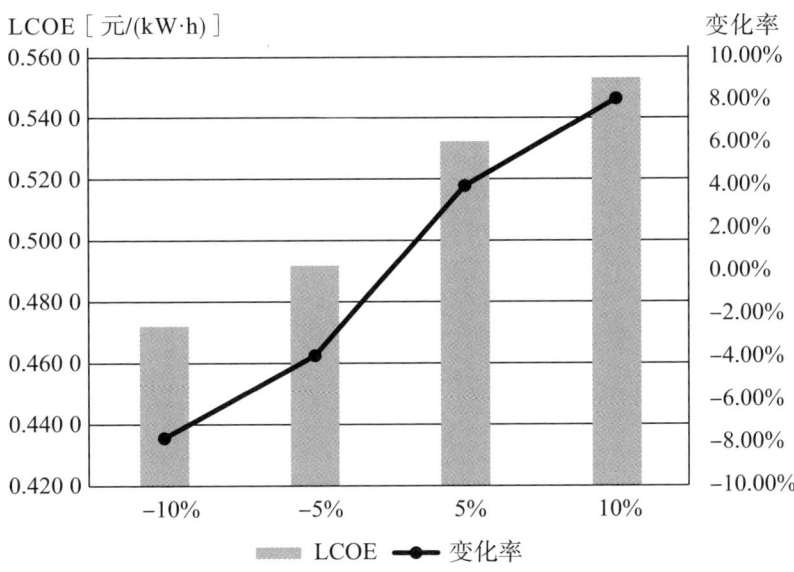

图 3-42 折现率对海上风力发电 LCOE 影响

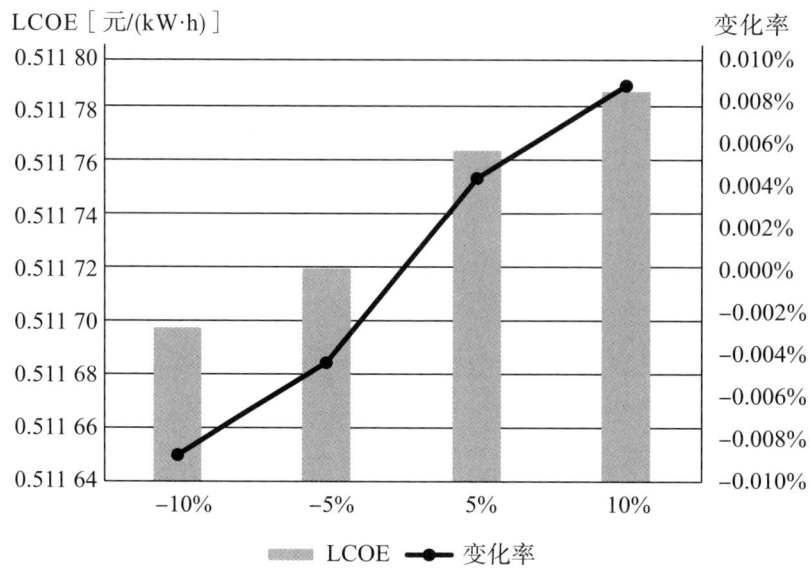

图 3-43 偏差考核费对海上风力发电 LCOE 影响

通过分析海上风力发电机组 LCOE 敏感性可以发现，影响海上风力发电机组 LCOE 水平最大的因素是年发电小时数；其次是单位造价和折现率；年运维费、偏差考核费和其他变动成本对海上风力发电机组 LCOE 影响较低，基本可以忽略不计。因此，若要降低海上风力发电机组的 LCOE 水平，可以通过增加其发电小时数、降低折现率和单位造价实现。

光伏发电的敏感性分析如图 3-44 到图 3-49 所示。

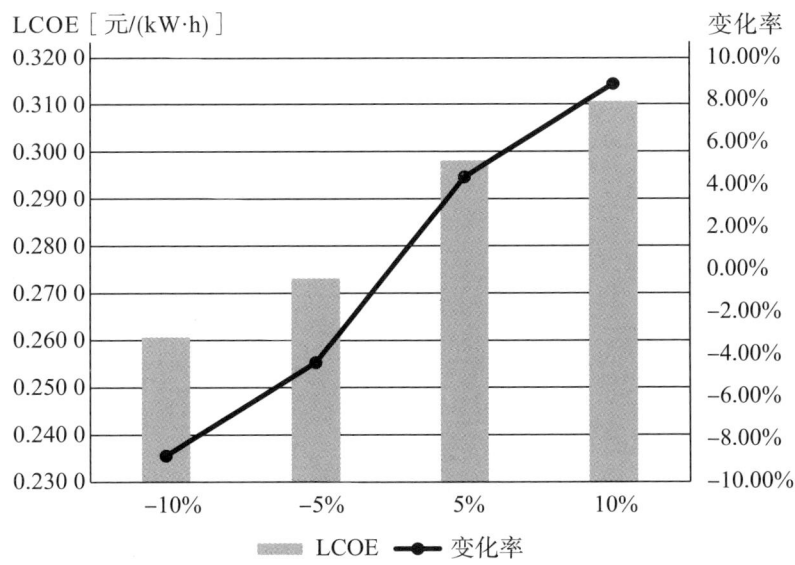

图 3-44 单位造价对光伏发电 LCOE 影响

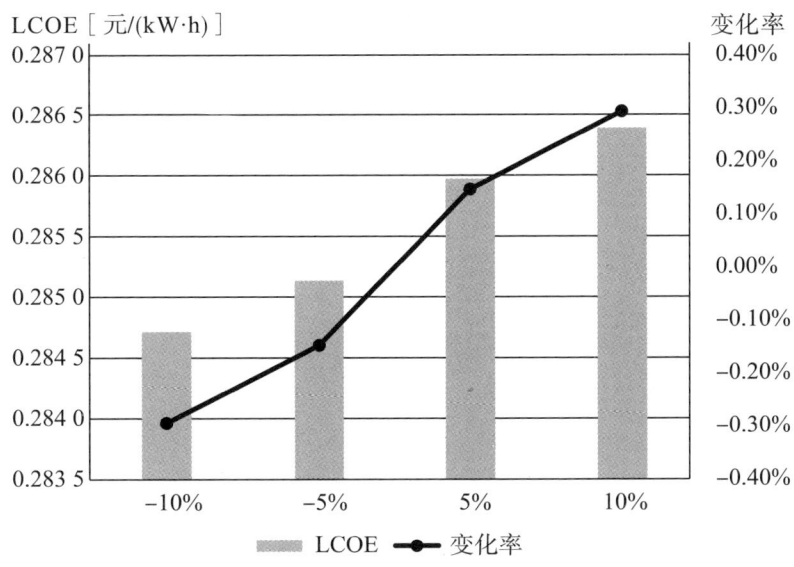

图 3-45 年运维费对光伏发电 LCOE 影响

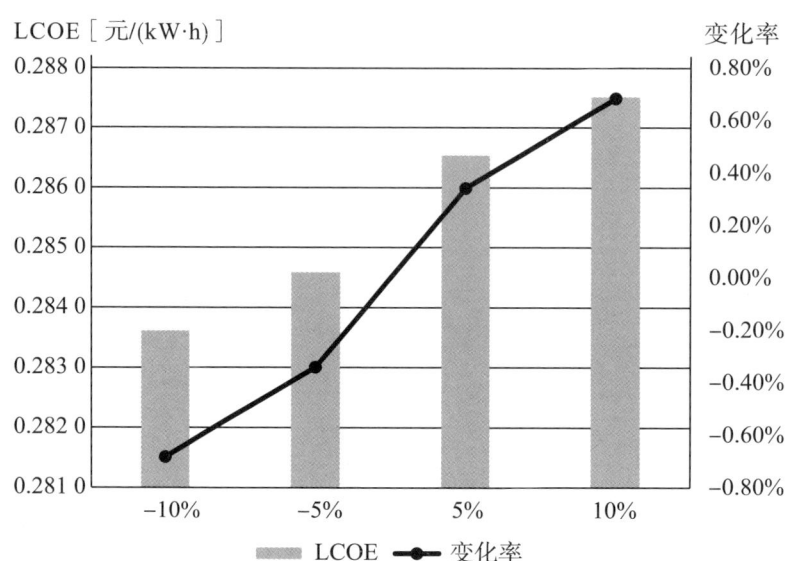

图 3-46　其他变动成本对光伏发电 LCOE 影响

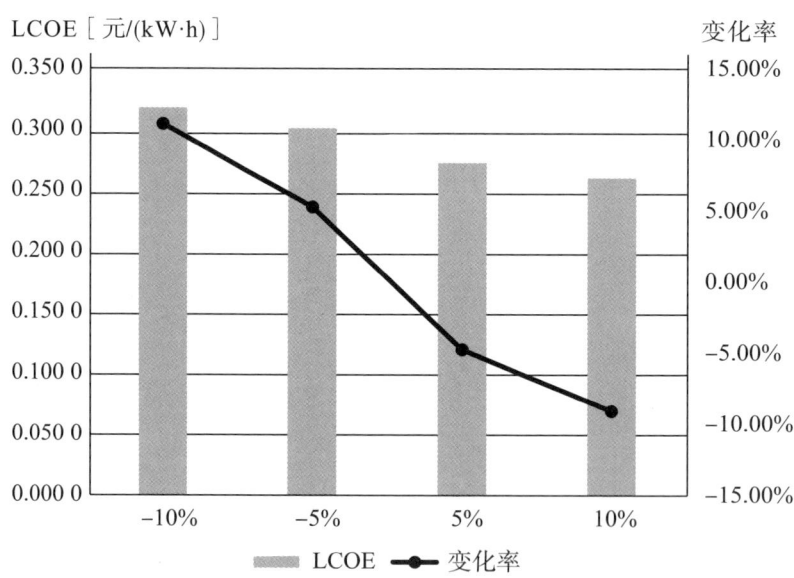

图 3-47　年发电小时数对光伏发电 LCOE 影响

第3章 多元发电主体成本测算及影响因素分析

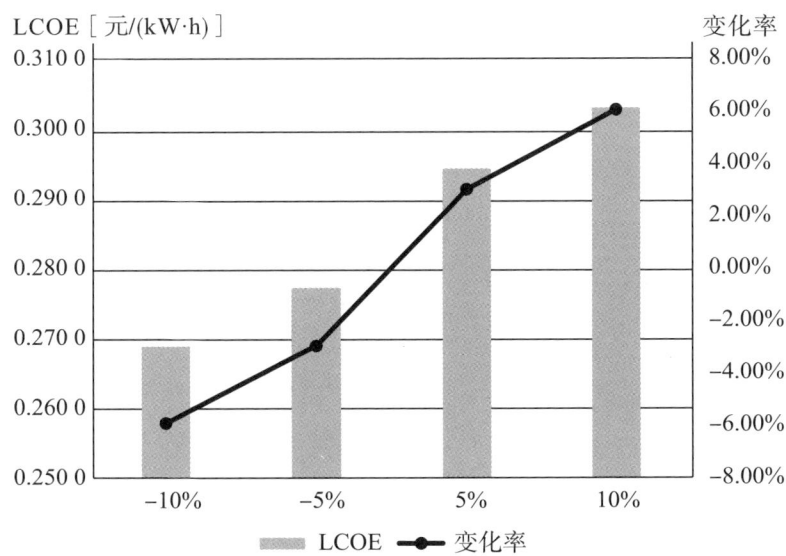

图 3-48 折现率对光伏发电 LCOE 影响

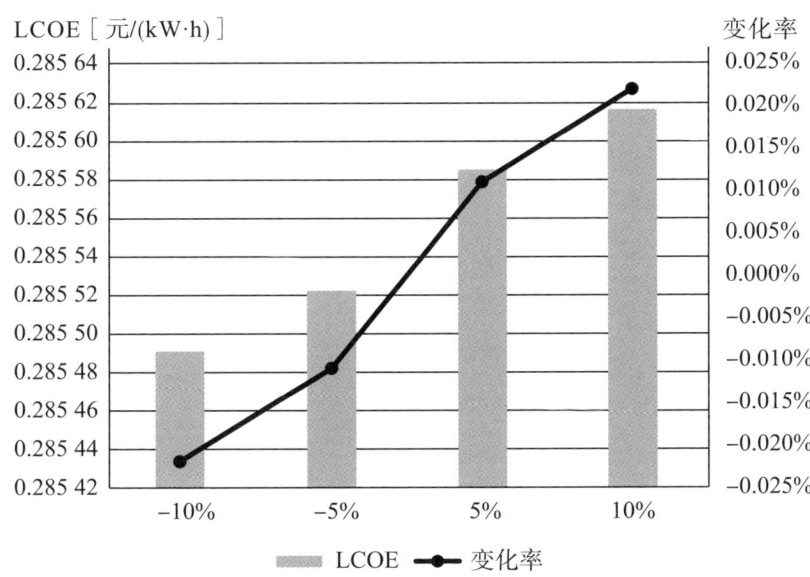

图 3-49 偏差考核和辅助服务费对光伏发电 LCOE 影响

通过分析光伏发电机组 LCOE 敏感性可以发现，影响光伏发电机组 LCOE 水平最大的因素是年发电小时数；其次是单位造价和折现率；

年运维费、其他变动成本、偏差考核和辅助服务费对光伏发电机组LCOE影响较小，基本可以忽略不计。因此，若要降低光伏发电机组的LCOE水平，可以通过增加其发电小时数、降低折现率和单位造价实现。

随着新型电力系统的建设和新能源装机容量及发电量占比的增加，风电和光伏发电等可再生能源出力不确定性对新型电力系统安全稳定运行将产生重大影响。因此，可再生能源发电机组的辅助服务费和偏差考核成本在其LCOE中的占比将会增加，对于LCOE的影响也将变大。

第 4 章　多元发电主体效益及经济性测算分析

本章在典型发电主体成本测算的基础上，对典型发电主体效益及经济性进行测算研究。首先，构建了典型发电主体效益及经济性评估指标，主要包括年度财务效益评价指标和经营全周期财务效益评价指标；其次，根据各类发电主体经济性测算所需的成本类、收益类等基础性数据，运用技术经济方法分别测算了火电、气电、水电、核电、风电和光伏发电等各类发电主体的经济性，并对"双碳"目标对典型发电主体经济性的影响进行了测算与对比分析。

4.1　多元发电主体效益及经济性评估指标

4.1.1　年度财务效益评价指标

典型发电主体年度财务效益评价指标体系主要包括营业收入、成本费用和财务效益三个方面。该指标体系如表 4-1 所示。

表 4-1 典型发电主体年度财务效益评价指标

一级指标	二级指标	单位
营业收入	经营收入	万元
	收入总计	万元
成本费用	经营成本	万元
	财务费用	万元
	待摊费用	万元
	折旧费	万元
财务效益	净收入	万元
	利润总额	万元
	息税前利润	万元
	净利润	万元
	营业利润率	%

本书基于上述指标体系，以财务分析理论为指导，编制基本财务报表。

财务现金流量表：反映项目计算期内各年的现金收支，用以计算各项动态和静态评价指标，分析项目财务盈利能力。

利润和利润分配表：反映项目计算期内各年的利润总额、所得税及税后利润的分配情况。

资金来源与运用表：反映项目计算期内各年的资金盈余短缺情况。

通过计算各类发电主体运营各年度的财务效益指标，进而分析各类发电主体的年度财务效益。

4.1.2 经营全周期财务效益评价指标

典型发电机组经营全周期财务效益评价指标体系主要就业务的盈利能力进行分析。选取静态投资回收期、动态投资回收期、全投资财务净现值、资本金财务净现值、全投资内部收益率、资本金内部收益率、资本金净利润率和总投资收益率等八个指标进行综合分析。该指标体系如表4-2所示。

表4-2 典型发电主体全周期财务效益评价指标

一级指标	二级指标	单位
工程盈利能力	静态投资回收期	年
	动态投资回收期	年
	全投资财务净现值	万元
	资本金财务净现值	万元
	全投资内部收益率	%
	资本金内部收益率	%
	资本金净利润率	%
	总投资收益率	%

本书基于上述指标体系，以技术经济评价方法为指导，利用资金时间价值原理对现金流量进行折现分析，计算各项反映业务资本投资全周期财务效益的指标，并运用对比分析法，将各发电主体业务运营实际全周期财务指标与基础技术评价指标进行对比，为评价业务运营全周期财务效益提供实证参考。各项指标评估逻辑如下。

1. 静态投资回收期

指标定义：静态投资回收期（简称回收期），是指以投资项目经营净现金流量抵偿原始总投资所需要的全部时间。

计算公式：静态投资回收期＝（累计净现金流量出现正值的年数－1）＋上一年累计净现金流量的绝对值/出现正值年份净现金流量

2. 动态投资回收期

指标定义：动态投资回收期也称现值投资回收期。指按现值计算的投资回收期，是考虑资金的时间价值时收回初始投资所需的时间。

计算公式：动态投资回收期=（累计净现金流量现值出现正值的年数－1）＋上一年累计净现金流量现值的绝对值/出现正值年份净现金流量的现值

3. 全投资财务净现值

指标定义：全投资财务净现值（NPV_1）是指按行业基准收益率，将工程计算期内各年的净现金流量折现到建设期初的现值之和，是反映工程在计算期内盈利能力的动态评价指标。

$$NPV_1 = \sum_{t=1}^{N}(CL_{1t} - CO_{1t})(1+i_c)^{-t} \quad (4-1)$$

式中：NPV_1 为财务净现值，CL_{1t} 为第 t 年现金流入，CO_{1t} 为第 t 年现金流出，i_c 为全投资基准收益率。

4. 资本金财务净现值

指标定义：资本金财务净现值（NPV_1）是指按行业基准收益率，将工程计算期内各年的资本金净现金流量折现到建设期初的现值之和，是反映工程在计算期内盈利能力的动态评价指标。

$$NPV_1 = \sum_{t=1}^{N}(CL_{2t} - CO_{2t})(1+i_c)^{-t} \quad (4-2)$$

式中，NPV_1 为财务净现值，CL_{2t} 为第 t 年资本金现金流入，CO_{2t} 为第 t 年资本金现金流出，i_c 为基准收益率。

5. 全投资内部收益率

指标定义：全投资内部收益率（IRR_1）是指工程在计算期内各年净现金流量现值累计等于零时的折现率，是反映工程盈利能力的主要动态考察指标。

$$\sum_{t=1}^{N}(CL_{1t} - CO_{1t})(1+IRR_1)^{-t} = 0 \quad (4-3)$$

6. 资本金内部收益率

指标定义：资本金内部收益率（IRR_2）是指工程在计算期内各年资本金净现金流量现值累计等于零时折现率，是反映工程资本金盈利能力的主要动态评价指标。

$$\sum_{t=1}^{N}(CL_{2t} - CO_{2t})(1 + IRR_2)^{-t} = 0 \quad (4-4)$$

7. 资本金净利润率

指标定义：资本金净利润率（ROE）表示项目资本金的盈利水平，是项目达到设计能力后正常年份的年净利润或运营期内年平均净利润（NP）与项目资本金（EC）的比率。

$$ROE = \frac{NP}{EC} \times 100\% \quad (4-5)$$

8. 总投资收益率

指标定义：总投资收益率（ROI）表示总投资的盈利水平，是指项目达到设计能力后正常年份的息税前利润或运营期内年平均息税前利润（EBIT）与项目总投资（TI）的比率。

$$ROI = \frac{EBIT}{TI} \times 100\% \quad (4-6)$$

4.2 多元发电主体效益及经济性测算

典型发电主体效益及经济性测算中所需要的成本类数据已经在 3.4 节测算各类发电机组 LCOE 所需数据表中列出，本节只列出各类发电机组经济性测算所需的收益类等其他基础性数据。

通过对典型发电企业调研，300MW 火电机组售电电价范围为 407.82~478.15 元/（MW·h），贷款利率范围为 3.27%~4.41%，全投资基准收益率范围为 6.40%~11.98%，资本金基准收益率范围为 8.88%~15.48%。

600MW 火电机组售电电价范围为 398.7~473.9 元/（MW·h），

贷款利率范围为 3.48%~4.41%，全投资基准收益率范围为 6.00%~10.68%，资本金基准收益率范围为 6.50%~19.46%。

1 000MW 火电机组售电电价范围为 364.07~427.46 元/（MW·h），贷款利率范围为 3.37%~6.55%，全投资基准收益率范围为 9.08%~13.78%，资本金基准收益率范围为 12.83%~16.85%。

燃气机组售电电价范围为 543.34~610.00 元/（MW·h），贷款利率范围为 4.00%~4.91%，全投资基准收益率范围为 2.40%~9.13%，资本金基准收益率范围为 10.00%~16.44%。

核电机组售电电价为 362.93 元/（MW·h），贷款利率为 4.20%，全投资基准收益率范围为 8.00%，资本金基准收益率为 6%。

水电机组售电电价范围为 252.90~322.22 元/（MW·h），贷款利率范围为 4.35%~4.52%，全投资基准收益率范围为 3.10%~6.87%，资本金基准收益率范围为 5.52%~16.00%。

陆上风电机组售电电价范围为 488.26~578.85 元/（MW·h），贷款利率范围为 4.40%~4.41%，全投资基准收益率范围为 2.08%~21.07%，资本金基准收益率范围为 12.00%~25.52%。

海上风电机组售电电价范围为 849.53~904.54 元/（MW·h），贷款利率范围为 3.45%~4.50%，全投资基准收益率范围为 3.00%~10.58%，资本金基准收益率范围为 6.50%~14.49%。

光伏发电机组售电电价范围为 413.40~1 050.00 元/（MW·h），贷款利率范围为 4.05%~4.20%，全投资基准收益率范围为 7.20%~8.34%，资本金基准收益率范围为 9.83%~11.04%。

根据上述各类发电机组经济性测算基础数据，在各类发电机组经济性测算过程中，考虑到"双碳"目标对发电机组经济性的影响，在计算火电机组经营成本部分时加入"三改"联动成本，计算风电、光伏机组经营成本部分时加入偏差考核费和辅助服务费，经营收益加入了绿证收益，以体现可再生能源的环境价值。

以光伏发电机组为例,假设该项目于 2017 年开始建设,2018 年开始运营,计算过程中总投资现金流量表如表 4-3 所示。各类典型发电机组经济性测算结果如表 4-4 至表 4-12 所示,各类发电机组经济性测算结果对比如图 4-1 所示。

表 4-3 光伏发电机组总投资现金流量表

序号	项目	2017	2018	2019	2020	2021	2022	2023	2024	2025	2026	2027	2028	2029	2030	2031	2032	2033	2034	2035	2036	2037
1	现金流入	0	8 374	8 374	8 374	8 374	8 374	8 374	8 374	8 374	8 374	8 374	8 374	8 374	8 374	8 374	8 374	8 374	8 374	8 374	8 374	11 657
1.1	售电收入	0	6 674	6 674	6 674	6 674	6 674	6 674	6 674	6 674	6 674	6 674	6 674	6 674	6 674	6 674	6 674	6 674	6 674	6 674	6 674	6 674
1.2	绿证收入	0	737	737	737	737	737	737	737	737	737	737	737	737	737	737	737	737	737	737	737	737
1.3	回收固定资产余值	0	0	0	0	0	0	0	0	0	0	0	0	0	0	0	0	0	0	0	0	3 283
1.4	纳税返还额	0	868	868	868	868	868	868	868	868	868	868	868	868	868	868	868	868	868	868	868	868
2	现金流出	65 655	1 400	1 400	1 400	1 400	1 400	1 400	1 400	1 400	1 400	1 400	1 400	1 400	1 400	1 400	1 400	1 400	1 400	1 400	1 400	1 400
2.1	建设投资	65 655	0	0	0	0	0	0	0	0	0	0	0	0	0	0	0	0	0	0	0	0
2.2	经营成本	0	1 313	1 313	1 313	1 313	1 313	1 313	1 313	1 313	1 313	1 313	1 313	1 313	1 313	1 313	1 313	1 313	1 313	1 313	1 313	1 313
2.3	进项税额	0	0	0	0	0	0	0	0	0	0	0	0	0	0	0	0	0	0	0	0	0
2.4	税金及附加	0	87	87	87	87	87	87	87	87	87	87	87	87	87	87	87	87	87	87	87	87
3	所得税前现金流量(1-2)	-65 655	6 142	6 142	6 142	6 142	6 142	6 142	6 142	6 142	6 142	6 142	6 142	6 142	6 142	6 142	6 142	6 142	6 142	6 142	6 142	9 424
4	累计所得税前净现金流量	-65 655	-59 513	-53 372	-47 230	-41 088	-34 947	-28 805	-22 664	-16 522	-10 380	-4 239	1 903	8 045	14 186	20 328	26 469	32 611	38 753	44 894	51 036	60 460
5	调整所得税	0	0	0	0	269	269	269	539	539	539	539	539	539	539	539	539	539	539	539	539	539
6	所得税后现金流量(3-5)	-65 655	6 142	6 142	6 142	5 872	5 872	5 872	5 603	5 603	5 603	5 603	5 603	5 603	5 603	5 603	5 603	5 603	5 603	5 603	5 603	8 886
7	累计所得税后净现金流量	-65 655	-59 513	-53 372	-47 230	-41 358	-35 486	-29 613	-24 011	-18 408	-12 805	-7 202	-1 600	4 003	9 606	15 209	20 812	26 414	32 017	37 620	43 223	52 108
8	贴现率	1.00	1.08	1.16	1.25	1.35	1.46	1.57	1.70	1.83	1.97	2.13	2.29	2.47	2.67	2.88	3.10	3.35	3.61	3.89	4.20	4.52
9	动态所得税后净现金流量	-56 456	4 897	4 541	4 211	3 734	3 462	3 210	2 840	2 634	2 442	2 265	2 100	1 948	1 806	1 675	1 553	1 440	1 335	1 238	1 148	1 689
10	动态累计所得税后净现金流量	-56 456	-51 559	-47 017	-42 806	-39 073	-35 611	-32 400	-29 560	-26 926	-24 484	-22 219	-20 118	-18 171	-16 365	-14 690	-13 137	-11 697	-10 362	-9 124	-7 976	-6 287

表4-4　300MW火电主体经济性测算结果

序号	指标名称	单位	量值
1	全投资税前财务净现值	万元	−49 100.93
2	全投资税后财务净现值	万元	−46 033.34
3	资本金财务净现值	万元	−17 032.47
4	总投资内部收益率（税前）	%	3.83
5	总投资内部收益率（税后）	%	4.34
6	资本金税后内部收益率	%	5.07
7	累计税后净现金流量转正年份	年	13
8	投资回收期（静态，总投资）	年	12.08
9	投资回收期（动态，总投资）	年	20.00
10	项目资本金净利润率（ROE）	%	−21.00
11	总投资收益率（ROI）	%	−2.94

表4-5　600MW火电主体经济性测算结果

序号	指标名称	单位	量值
1	全投资税前财务净现值	万元	−56 859.31
2	全投资税后财务净现值	万元	−48 265.95
3	资本金财务净现值	万元	−20 316.08
4	总投资内部收益率（税前）	%	5.20
5	总投资内部收益率（税后）	%	5.68
6	资本金税后内部收益率	%	7.87
7	累计税后净现金流量转正年份	年	12
8	投资回收期（静态，总投资）	年	11.70
9	投资回收期（动态，总投资）	年	25.00
10	项目资本金净利润率（ROE）	%	−19.51
11	总投资收益率（ROI）	%	−2.87

表4-6　1 000MW火电主体经济性测算结果

序号	指标名称	单位	量值
1	全投资税前财务净现值	万元	−110 909.03
2	全投资税后财务净现值	万元	−105 341.15
3	资本金财务净现值	万元	−27 885.79
4	总投资内部收益率（税前）	%	6.28
5	总投资内部收益率（税后）	%	6.68
6	资本金税后内部收益率	%	9.69
7	累计税后净现金流量转正年份	年	11
8	投资回收期（静态，总投资）	年	10.70
9	投资回收期（动态，总投资）	年	20.00
10	项目资本金净利润率（ROE）	%	−19.86
11	总投资收益率（ROI）	%	−2.46

表4-7　燃气发电主体经济性测算结果

序号	指标名称	单位	量值
1	全投资税前财务净现值	万元	−4 719.41
2	全投资税后财务净现值	万元	1 481.89
3	资本金财务净现值	万元	−8 171.16
4	总投资内部收益率（税前）	%	5.90
5	总投资内部收益率（税后）	%	6.36
6	资本金税后内部收益率	%	9.24
7	累计税后净现金流量转正年份	年	11
8	投资回收期（静态，总投资）	年	10.09
9	投资回收期（动态，总投资）	年	19.00
10	项目资本金净利润率（ROE）	%	−20.79
11	总投资收益率（ROI）	%	−2.77

第4章 多元发电主体效益及经济性测算分析

表4-8 核电主体经济性测算结果

序号	指标名称	单位	量值
1	全投资税前财务净现值	万元	2 268 316.59
2	全投资税后财务净现值	万元	1 548 336.08
3	资本金财务净现值	万元	3 568 894.27
4	总投资内部收益率（税前）	%	12.90
5	总投资内部收益率（税后）	%	11.60
6	资本金税后内部收益率	%	22.23
7	累计税后净现金流量转正年份	年	8
8	投资回收期（静态，总投资）	年	7.81
9	投资回收期（动态，总投资）	年	13.28
10	项目资本金净利润率（ROE）	%	37.45
11	总投资收益率（ROI）	%	10.25

表4-9 水电主体经济性测算结果

序号	指标名称	单位	量值
1	全投资税前财务净现值	万元	111 389.35
2	全投资税后财务净现值	万元	73 112.12
3	资本金财务净现值	万元	24 138.73
4	总投资内部收益率（税前）	%	7.79
5	总投资内部收益率（税后）	%	7.02
6	资本金税后内部收益率	%	13.45
7	累计税后净现金流量转正年份	年	11
8	投资回收期（静态，总投资）	年	10.98
9	投资回收期（动态，总投资）	年	18.16
10	项目资本金净利润率（ROE）	%	16.56
11	总投资收益率（ROI）	%	5.60

表 4-10 陆上风电主体经济性测算结果

序号	指标名称	单位	无绿证收益情景量值	有绿证收益情景量值
1	全投资税前财务净现值	万元	−40 202.40	−20 641.80
2	全投资税后财务净现值	万元	−46 401.80	−29 311.77
3	资本金财务净现值	万元	−12 792.80	−3 204.69
4	总投资内部收益率（税前）	%	7.69	9.61
5	总投资内部收益率（税后）	%	6.97	8.70
6	资本金税后内部收益率	%	11.80	17.13
7	累计税后净现金流量转正年份	年	11	10
8	投资回收期（静态，总投资）	年	10.16	9.82
9	投资回收期（动态，总投资）	年	20.00	20.00
10	项目资本金净利润率（ROE）	%	7.31	12.67
11	总投资收益率（ROI）	%	3.34	4.67

表 4-11 海上风电主体经济性测算结果

序号	指标名称	单位	无绿证收益情景量值	有绿证收益情景量值
1	全投资税前财务净现值	万元	258 979.79	303 782.22
2	全投资税后财务净现值	万元	191 276.87	229 545.86
3	资本金财务净现值	万元	99 386.54	123 668.52
4	总投资内部收益率（税前）	%	11.77	12.58
5	总投资内部收益率（税后）	%	10.63	11.40
6	资本金税后内部收益率	%	18.69	20.48
7	累计税后净现金流量转正年份	年	8	7
8	投资回收期（静态，总投资）	年	7.80	6.42
9	投资回收期（动态，总投资）	年	11.81	10.73
10	项目资本金净利润率（ROE）	%	19.06	21.16
11	总投资收益率（ROI）	%	8.10	8.88

表4-12 光伏发电主体经济性测算结果

序号	指标名称	单位	无绿证收益情景量值	有绿证收益情景量值
1	全投资税前财务净现值	万元	-3 113.95	3 409.25
2	全投资税后财务净现值	万元	-5 829.95	-223.48
3	资本金财务净现值	万元	-1 213.90	3 016.95
4	总投资内部收益率（税前）	%	7.05	8.68
5	总投资内部收益率（税后）	%	6.31	7.78
6	资本金税后内部收益率	%	9.79	13.58
7	累计税后净现金流量转正年份	年	12	10
8	投资回收期（静态，总投资）	年	11.69	9.43
9	投资回收期（动态，总投资）	年	20.00	20.00
10	项目资本金净利润率（ROE）	%	6.30	9.87
11	总投资收益率（ROI）	%	3.28	4.39

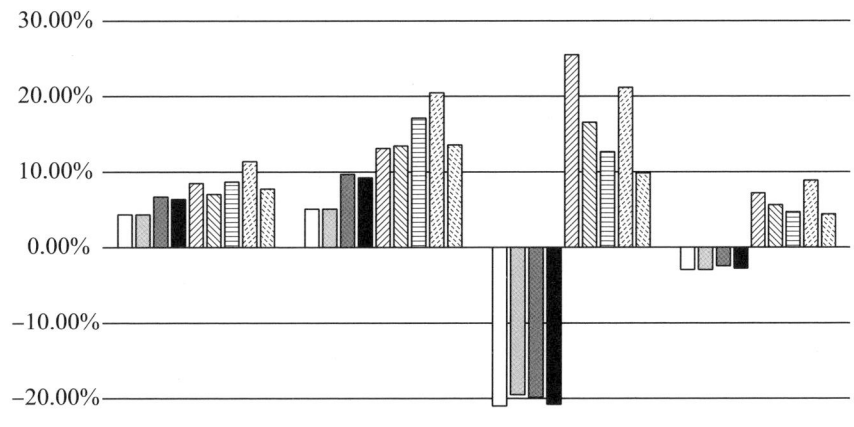

图4-1 各类发电主体经济性测算结果

根据各类发电主体经济性测算结果可以得出以下结论。

（1）在资本金税后内部收益率方面，最高的是海上风电机组，这是因为国家为促进海上风电的发展，给予2022年以前的海上风电售电电价大量补贴。其他各类机组的效益率都相差不大。

（2）海上风电累计税后净现金流量在第7年由负转正，是所有发电机组中最早的，其他机组大部分是在第11年由负转正。300MW火电机组是最晚的，累计税后净现金流量在第13年才由负转正。

（3）在项目资本金净利润率方面，火电和燃气发电的收益率为负值且绝对值较高，这是因为近年来煤炭、天然气价格普遍处于较高水平，导致燃料费较高。核电资本金净利润率最高是因为其运行周期长（40年）且运维费率较低。海上风电净利润率高于陆上风电同样是由于海上风电电价补贴。陆上风电和光伏发电资本金净利润率较低，亟须完善可再生能源成本疏导机制，拓宽收益渠道，提高可再生能源投资净利润率，促进可再生能源的发展。

（4）总投资收益率绝对值均稍低于资本金净利润率，资本金税后内部收益率均稍高于总投资税后内部收益率，这是因为资本金投资比重较低。

（5）在考虑"双碳"目标对新能源等发电主体的影响时，新能源发电机组可以通过出售绿证获得收益，因此比无绿证收入的机组经济性好。具体体现在：陆上风电、海上风电、光伏无绿证收入时税后总投资内部收益率分别为6.97%、10.63%、6.31%，有绿证收入时分别为8.70%、11.40%、7.78%；无绿证收入时资本金税后内部收益率分别为11.80%、18.69%、9.79%，有绿证收入时分别为17.13%、20.48%、13.58%；无绿证收入时静态总投资回收期分别为10.16年、7.80年、11.69年，有绿证收入时分别为9.82年、6.42年、9.43年。

第 5 章 多元发电主体参与电力市场化交易的机制和路径建议

针对市场发展的不同阶段，各类发电主体参与电力市场化交易需要完善的市场机制和路径。本节对"双碳"目标下，火电和新能源等典型发电主体参与市场化交易的机制进行设计，并进一步基于各电源的机制设计和参与市场化交易的现状及问题，提出适应不同阶段的典型发电主体参与市场化交易的路径建议。

5.1 多元发电主体参与电力市场化交易的机制设计

5.1.1 火电企业参与市场化交易的机制设计

随着清洁可再生能源发电的快速发展，煤电的市场定位已由传统的提供电力、电量的主体电源，逐步转变为灵活性调节电源和兜底保供的基础电源。在此背景下，火电发电利用小时数逐渐降低，难以从电能量市场获得足够的利润，且在现行规则下也难以从辅助服务市场获利来满足生存需要，因此，未来需要过渡到"电能量＋辅助服务＋容量服务"三方面获利的模式，以保证系统调节性容量充足。考虑到火电企业今后的发展方向和参与市场的积极性，本节分析鼓励火电企业转型、参与市场化交易的市场机制，并从价格机制、容量补偿机制、煤电联动机制和电力市场化配套机制等方面进行机制设计，为政府推进电力市场化改革提供政策建议。

1. 价格机制

火电是高碳电力，可再生能源电力是接近零碳的电力。降低火电比重，推动中国电力系统由高碳向低碳转型是应对气候变化、促进经济社会转型的必然趋势。但是，火电依托有保障的煤炭资源，具有技术成熟、稳定可靠、灵活性调节性能较好、电能成本相对较低等特点，在当前中国电力系统中占绝对主导地位；而可再生能源发电由于受天气、日照及技术经济条件制约，存在随机性、不稳定性、波动性特点；其他灵活性电源如燃气轮机发电、储能等由于受资源、成本、技术约束，目前难以实现大规模商业化应用。因此，要实现低碳发展又要维护电力系统安全、保障高质量供电、减轻能源转型带来的经济社会负担，就必须对火电的功能进行重新定位，即由长期以来的电量支持功能向电力支撑和灵活性电源功能转型。

火电在电网中功能的转变，必然影响到其运行方式、成本结构、投资收益的变化，进而影响到电力格局的转变。要发挥好火电的新功能，就必须让其具有正常的投资收益和持续生产的能力，其中火电价格机制起着决定性作用。从能源转型角度来看，火电价格机制也是影响能源低碳转型的关键要素之一。

（1）在现货市场价格管控上，可取消部分地区直接或变相的价格临时管控措施。现货价格限制不应以地方政府期望为标准，而应在健康、公平的现货市场环境下，回归现货市场建设初衷，充分发挥现货价格信号的正确引导作用，运用合理适当的限价手段防范大范围价格波动风险。

第 5 章 多元发电主体参与电力市场化交易的机制和路径建议

在现货市场价格设置上,应推动地方主管部门转变理念,充分发挥现货市场调节价值。在确定合理价格限制前,应充分考虑发电企业的固定成本、变动成本、机会成本及合理利润水平,同时兼顾因限电所带来的社会用电成本增加。针对第 3 章不同装机容量火电机组的平准化度电成本测算结果可知,300MW 火电平准化度电成本为 0.37 元/(kW·h),600MW 火电平准化度电成本为 0.32 元/(kW·h),1000MW 火电平准化度电成本为 0.28 元/(kW·h)。各类型火电的平准化度电成本与新能源的平准化度电成本相持平,在"双碳"目标和构建以新能源为主体的新型电力系统背景下,火电碳排放较大,出清顺序优先级较低,对其通过售电实现成本回收造成较大阻碍。同时,在煤价高企的情况下,各类型火电的总投资收益率(ROI)及项目资本金净利润率(ROE)均为负值(由第 4 章测算结果可知),如图 5-1 所示。这导致各火电企业成本回收压力较大,需要放宽电力市场中的电价限制。国家发展改革委印发的《关于进一步深化燃煤发电上网电价市场化改革的通知》部署了进一步深化燃煤发电上网电价市场化改革工作,将燃煤发电市场交易价格浮动范围由现行的上浮不超过 10%、下浮原则上不超过 15%,扩大为上下浮动原则上均不超过 20%,高耗能企业市场交易电价不受上浮 20%的限制。就现货市场的价格限制而言,在未来的市场化改革进程中,对价格机制的设计可考虑逐步放开限制,使市场化交易电价真正反映火电机组成本。

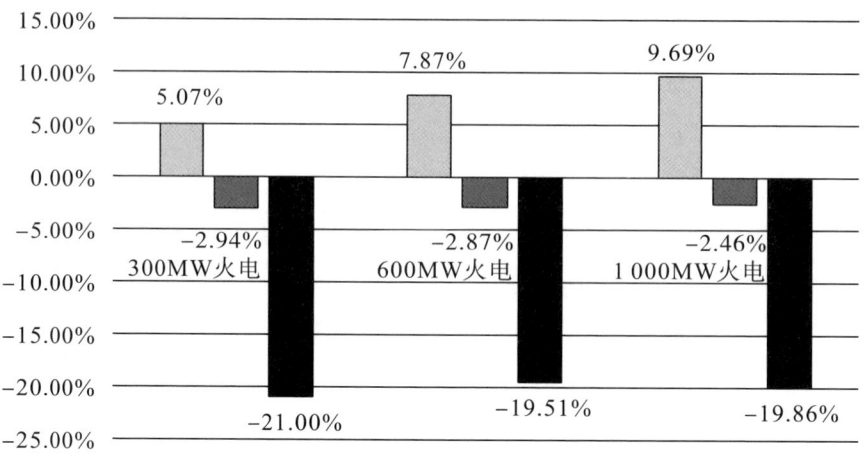

图 5-1 各类型火电收益率情况

从外,还应从国家层面探索建立现货市场价格限制办法。在"双碳"目标下,随着间歇性可再生能源的大规模并网,未来电力系统供电可靠性将成为建立完善电力市场相关规则的重点内容。在国家层面研究出台现货市场价格限制办法以及实施方案,可为各试点地区制订现货价格限值规则提供相应指导。在动态上限价格设置上,可调研了解各现货运行省份现有上限价格"触顶"的时间段及频率,研究建立动态上限价格调整机制,逐步提升价格上限,避免现货价格限制变相成为地方政府行政定价、干预市场充分竞争的手段。

(2)建立面向火电灵活性改造的价格机制。随着非化石电力比例的逐步攀升,将显著增大电力系统供给和消费的不确定性,影响电力系统的安全稳定。目前,我国电力发展仍然存在新能源消纳困难、灵活调节电源不足等问题,推动保障电力安全、新能源消纳、系统稳定的适应新政策的火电机组灵活性改造势在必行,但目前国家层面缺乏激励火电机组灵活性改造的补偿政策,需要加快推动出台火电机组灵活性改造方面的价格支持政策和机制设计。火电灵活性改造后可开展市场化交易,在获取辅助服务市场利润弥补改造成本的同时平抑市场价格波动。

第5章　多元发电主体参与电力市场化交易的机制和路径建议

火电灵活性改造后还可探索与储能联合出清的市场交易方式。储能具有响应时间短、调节速率快的特点，可协助火电厂进行联合调峰调频。针对供热机组火电灵活性改造，主要有两种技术路线：一是热电解耦技术，通过增加如固体蓄热式电锅炉、电极式电锅炉、大型蓄热水罐等蓄热设备来实现；二是提高供热能力技术，如采用低品位热能利用的热泵技术、低压缸零功率切缸运行、一二级旁路改造供热等方式。

灵活性改造成本、运行费用，以及电力辅助服务市场规则下的调峰收益是选择最合适的改造技术的关键。在电力辅助服务市场的激励下，采用蓄热技术实现热电解耦的机组，更能体现其深度调峰的优越性。利用蓄热调峰技术，在低负荷时段，将不上网的低谷电力转换成热能量储存起来供热，既增加了高峰期的热量供应，提高了热电厂的供热能力，同时也能为新能源电力腾出一定上网空间，获得调峰补偿。

在一系列政策和市场化机制推动下，发电与供热之间的矛盾在一些地区得到了有效缓解，但目前一些交易机制还不完善，政策覆盖的地区范围有限，蓄热技术用于负荷侧调峰还处于摸索阶段，很多企业持观望态度。因此，需要总结相关经验，进一步协调热、电供求关系，在提高机组调峰能力的同时，增强供热的可靠性，保障民生用电与采暖需求。

（3）电力辅助服务分摊共享价格机制。新版"两个细则"确立了市场化补偿形成机制和电力用户参与的电力辅助服务分担共享机制。但是目前各地发布的电力辅助服务实施细则中，尚未明确电力用户参与的电力辅助服务分担共享机制。各地辅助服务费用主要是由基本辅助服务的考核费用和各电厂按一定原则提供的分摊费用构成，辅助服务费用仅在发电企业内部循环，成为发电侧的零和游戏，未能合理地向下游用户传导。因此，亟需明确用户承担电力辅助服务的责任和费用，从而实现辅助服务费用通过市场化方式向用户侧疏导。对此，应在电力辅助服务费用上，研究设计电力用户参与的电力辅助服务费用分摊共享价格机制。

在考虑电力用户参与的电力辅助服务费用分摊共享机制设计中，由于各国电力市场模式的差异性,各电力市场辅助服务费用的分摊机制有所不同,总体来说分为发电企业承担、终端用户承担和由电力用户和发电企业共同承担三种方式。

①发电企业承担。在发电企业之间进行分摊,并不将辅助服务费用传递到用户侧。虽然从表面上来看,这种机制没有将辅助服务费用传递到终端用户,但实际上,发电企业在进行电能报价时已经考虑了其提供辅助服务的成本,因此,辅助服务费用是隐性地传递到了用户侧。采用这种方式的国家主要是阿根廷等。我国实行了"基准价+上下浮动"的市场化电价,价格传导上存在上下浮动限制,因此辅助服务费用较难传导。

②终端用户承担。目前国外大多数国家都采用这种分摊机制,主要的分摊方式包括计入输电费用和设立系统调度专项费用。美国 PJM 市场将调频、备用辅助服务义务按照比例分配给负荷服务商(LSE),作为其调频、备用义务。LSE 可以通过自行提供或与第三方签订合同来履行自己的调频、备用义务。若仍然无法完全履行其义务,可以从 PJM 辅助服务市场上购买调频、备用服务。

③由电力用户和发电企业共同承担。目前,国外电力市场中,澳大利亚等国家电力市场采用这种方式,其调频费用由发电企业和电力用户按照一定比例来分摊。

我国辅助服务分摊共享价格机制的设计可参考分摊给终端用户和由电力用户及发电企业共同承担的模式,避免由单一主体承担,为今后构建价格清晰传导的市场机制打下基础,规避在竞争性电力市场交易中的辅助服务费用隐性传导。

2. 容量补偿机制

随着新能源的快速发展,火电利用小时数将进一步下降。国外电力市场普遍采用容量市场、稀缺定价、战略备用等机制鼓励电力系统所必需的电源投资。基于我国国情,电力市场化交易采取稀缺电价机制的可

第5章 多元发电主体参与电力市场化交易的机制和路径建议

能性不大,在火电机组总投资收益率普遍为负(如第4章表4-4、4-5、4-6所示)的情况下,为满足火电企业发电的成本回收,可通过设置容量补偿机制,对火电企业发电固定成本进行补偿,激励常规火电投资建设、引导火电企业灵活性改造,以保障新型电力系统下的发电容量充裕度、调节能力和运行安全,促进"双碳"目标的实现。同时,可针对是否设置容量补偿机制,进行现货市场限价水平设置,面向不同装机容量和不同市场定位的火电企业构建灵活性的现货价格机制。

容量补偿机制是对火电企业参与市场化竞争只能获得对应单位变动成本市场出清价格的弥补,也是对火电利用小时数降低、固定成本回收不足的弥补。它能够保障火电企业合理收益,保证系统灵活性调节能力,促进电力系统的安全稳定运行。容量补偿机制的研究中,关键的要素是容量电价和补偿容量。容量电价应反映发电容量的未来价值及时间价值,补偿容量应在发电机组容量充裕性评估结果的基础上根据系统需求而核定。因此,容量补偿机制的组织方法如图5-2所示,可分为4个步骤。

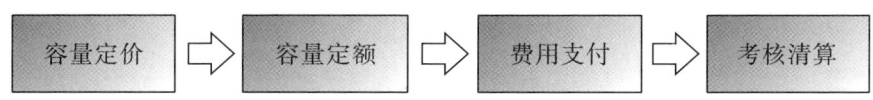

图5-2 容量补偿机制组织方法

(1)基于边际成本的容量定价模型。

平均成本定价法往往应用于计划或管制的经济环境中,以成本补偿或市场公平为目标;边际成本法主要应用于市场经济环境中,以企业生产的技术效率,即边际成本为依据,通过市场对技术效率的选择建立效率改善机制,以达到提高资源配置效率的目的。发电边际容量成本是为了满足电力负荷微增所需增加的最小发电投资成本。显然,发电边际容量成本是一个长期边际成本。因此,本书选择边际成本定价法来制定容量电价,以中长期负荷预测、供电可靠性水平、年费用最小的电源扩展规划方案,以及系统以最优方式运行为约束条件,达到引导未来投资和资源优化配置的作用。

具体到以边际成本法制定发电容量电价,通常需要首先确定系统的边际机组,再以此边际机组为基础确定系统的发电容量边际成本。确定边际机组后,容量电价的计算可采用以下模型:

$$\begin{cases} p_c = \theta \cdot F_t \\ \theta = \left[\int_0^n e^{-0.1t} dt \right]^{-1} = \dfrac{i \cdot (1+i)^n}{(1+i)^n - 1} \end{cases} \quad (5-1)$$

式中:p_c 表示容量电价;F_t 表示边际发电机组单位容量的投资成本;θ 表示投资回收系数,是指在预定的回收期内,按指定的折现率,每年回收额相当投资额的比率;i 表示折现率,是指将未来有限期预期收益折算成现值的比率;n 表示回收年限;t 表示时间。

(2)容量充裕度评估。

系统发电容量充裕度用以描述正常运行时系统发电容量的供需均衡能力,定义为在某个系统或子系统中,计算年度负荷曲线中 m 个负荷最高时段所对应负荷的平均值,表示为:

$$\vartheta = \dfrac{L_{\max}}{\sum\limits_{i=1}^{n} C_{x0}^{i}} \times 100\% \quad (5-2)$$

式中:ϑ 表示系统发电容量充裕度,其取值区间为 $(0, \infty)$。当 $\vartheta = 1$ 时,对应着系统发电容量的静态临界充裕点,即系统发电容量的静态不充裕域为 $(0, 1)$,静态充裕域为 $(1, \infty)$,容量充裕度如图5-3所示。在静态充裕域内,若无容量扰动或在指定的容量扰动集下,系统不会强制限电。$L_{\max}$ 表示系统峰值负荷。$\sum\limits_{i=1}^{n} C_{x0}^{i}$ 表示系统总充裕容量。

第5章 多元发电主体参与电力市场化交易的机制和路径建议

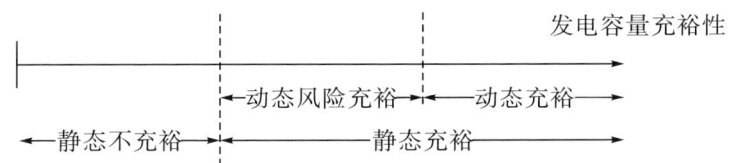

图 5-3 容量充裕度

在常规机组发电量的可靠性评价指标中,故障率 λ:

$$\lambda = \frac{M}{T_{\text{RUN}}} = \frac{1}{T_{\text{MTTF}}} \quad (5-3)$$

式中:λ 代表故障率,即在评价期内机组从正常运行状态变为故障状态的概率;T_{RUN} 代表机组的总运行时间;T_{MTTF} 为平均失效时间;M 代表机组故障的数量。

维修率 μ:

$$\mu = \frac{E}{T_{\text{MAL}}} = \frac{1}{T_{\text{MTTR}}} \quad (5-4)$$

式中:μ 代表维修率,即在评价期内机组从故障状态维修到正常运行状态的概率;T_{MAL} 代表机组的总维修时间;T_{MTTR} 为平均修复时间;E 代表机组维修次数。

被迫停工率 ε_{FOR}:

$$\varepsilon_{\text{FOR}} = \frac{T_{\text{MTTR}}}{T_{\text{MTTF}} + T_{\text{MTTR}}} = \frac{\lambda}{\lambda + \mu} \quad (5-5)$$

式中:ε_{FOR} 代表被迫停工率,即单位被迫停工的概率。

(3) 机组充裕容量评估方法。

机组初始容量是指在高峰负荷期间,机组 i 的可用容量对系统总容量的预期贡献。以下公式充分考虑了年度检修计划、辅助电源负荷、强制停运率等因素对机组可用容量的影响。

$$C_x^i = C_{x0}^i \cdot (1-\bar{\kappa}) \cdot (1-\overline{\varepsilon_{\text{FOR}}}-\bar{\mu}) \quad (5-6)$$

式中:C_x^i 表示机组 i 的充裕容量;$\bar{\kappa}$ 为平均厂用电率实际值;C_{x0}^i 为初始容量,按装机容量乘以年利用率(发电小时数除以全年小时数)计算；$\overline{\varepsilon_{FOR}}$ 为平均被迫停工率；$\overline{\mu}$ 为平均维修率。

（4）补偿容量定额模型。

可补偿容量是指能够按照核定的容量电价水平获得补偿的发电容量。可补偿容量计算流程包括机组初始容量测算、机组可调容量测算，最终确定机组可补偿容量。

为确定各机组的可补偿容量，需根据峰值负荷对各机组可调容量进行修正，并根据线路阻塞情况进行调整。该修正主要是根据系统峰值负荷对所有机组的可调容量按比例进行下调，使得修正后的所有机组可补偿容量总值与系统峰值负荷持平，以反映系统对发电容量的实际需求，如图 5-4 所示。

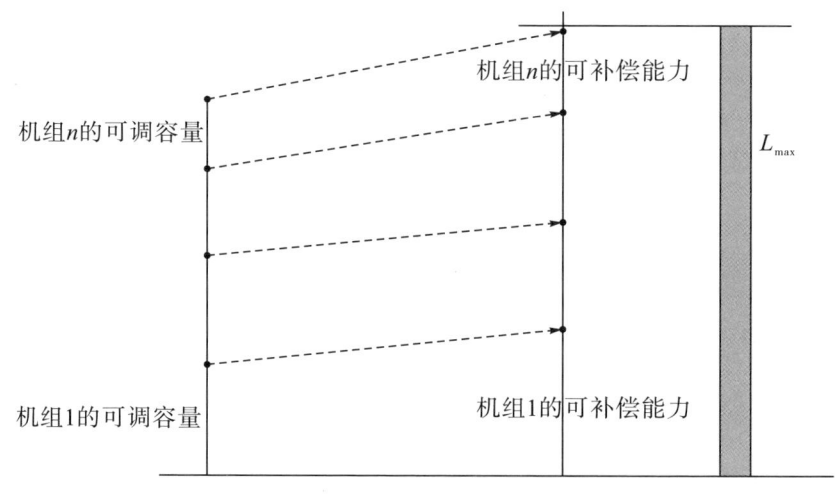

图 5-4　峰值负荷修正可补偿容量

$$C_c^i = C_x^i \cdot \vartheta \tag{5-7}$$

式中：C_c^i 表示机组 i 的可补偿容量。

最后，需验证可补偿容量是否满足输电系统的要求。如果发生阻塞，则需下调该机组的可补偿容量，直至阻塞消失，并按比例增加其他发电机组的最终可补偿容量。

(5)容量电费结算模型。

各发电机组依据制定的容量电价水平及各自的可补偿容量获得容量电费。

$$Q_c^i = p_c \cdot C_c^i \tag{5-8}$$

式中：Q_c^i 表示机组 i 的容量电费，p_c 为容量电价水平。

(6)容量补偿机制实施流程。

实际的容量电费计算及结算方式应与各市场模式及相关规则相适应。一种机组容量补偿机制的实施流程为：

①每年末，依据对当年市场供需的分析和下一年度的预测，选择边际机组，计算容量电价水平。

②每年末，依据对下一年最大负荷（含备用等）的预测及各类机组可用性分析，计算各机组可补偿容量。

③依据上述容量电价水平和系统总的可补偿容量预测，计算系统总容量电费，将该总容量电费计入销售电价，向各类终端用户收取。

④在实际执行年的每月初，依据上月实际最大负荷（含备用等）及各类机组的实际可用性，计算各机组可补偿容量，乘以容量电价支付各机组上月容量电费。

⑤每年末，将实际支付给各机组的容量电费与通过销售电价实现的容量电费之间的偏差在下一年度容量电费中统筹。

(7)算例分析。

火电机组概况和机组容量造价情况如表5-1和表5-2所示，数据取自本书3.4节和电厂实际数据。

表5-1 火电机组概况

机组	装机容量（MW）	$\bar{\varepsilon}_{FOR}$	$\bar{\mu}$	$\bar{\kappa}$	发电利用小时数
火电1	300	0.27%	1.37%	5.17%	4 550
火电2	600	0.85%	0.61%	4.28%	4 796

续表

机组	装机容量（MW）	$\overline{\varepsilon}_{\text{FOR}}$	$\overline{\mu}$	$\overline{\kappa}$	发电利用小时数
火电3	1 000	0.56%	1.14%	3.15%	5 360
燃气4	500	0.38%	0.82%	1.88%	3 357

表5-2　火电机组容量造价

机组	单位容量投资成本（元/kW）	额定年限
火电1	4 159	30
火电2	3 685	30
火电3	3 760	30
燃气4	3 541	20

容量补偿机制中，容量电价根据系统峰值负荷期间运行的边际机组的投资成本来计算，将1 000MW火电机组作为边际机组，根据3.4节1 000MW火电机组的相关数据，取全投资基准收益率为11.00%，投资回报率为12.557%，根据式（5-1）计算容量电价，得到容量电价为4.722×10^5元/（MW·h）。

通过参考文献[30]中的数据可得$\vartheta=1.196$，各机组的有效容量经过与系统峰值负荷的调节之后得到系统总可调容量为1 657.31MW，各发电机组的可调容量及容量补偿情况如表5-3所示。可见，容量补偿机制可为发电机组带来显著受益，能进一步减轻火电参与市场化交易和灵活性改造上的经济压力，鼓励市场投资。

表5-3　发电机组容量补偿情况

机组	可补偿容量（MW）	年容量补偿费用（元）
火电1	145.34	6.86×10^7
火电2	309.84	1.46×10^8
火电3	582.60	2.75×10^8
燃气4	185.75	8.77×10^7

第5章 多元发电主体参与电力市场化交易的机制和路径建议

将以上年容量补偿费用计入主营业务收入，重新对4.1节中的发电主体进行经济性测算，由表5-4可知，计入容量补偿费用后各类型发电机组的项目资本金净利润率（ROE）和总投资收益率（ROI）均有所提高，由原来的负值变为正值，显著改善了火电企业的经营困境。

表5-4 计入容量补偿费用后发电机组经济性测算结果变化情况

发电机组	项目资本金净利润率（ROE）	总投资收益率（ROI）
300MW 火电	4.53%	2.49%
600MW 火电	9.28%	3.47%
1 000MW 火电	12.59%	4.76%
500MW 燃气	3.47%	2.36%

3. 煤电联动机制

煤价、天然气已完全实现市场化，受燃料涨幅不限，电煤中长期合同覆盖缺口较大，电价存在限价等影响，燃料成本暂难以完全疏导，作为下游产品限价而上游不限价将对火电企业造成很大的风险。2019年，国家发展改革委出台《关于深化燃煤发电上网电价形成机制改革的指导意见》，从2020年1月开始将实施多年的煤电联动改为"基准价+上下浮动（上浮不超过10%、下浮原则上不超过15%)"的市场化电价机制。但是，近年来，煤炭价格涨幅过大，该机制无法让发电企业消化煤炭成本，造成电力供应短缺。对此，可完善煤电联动机制，执行考虑煤电联动的市场化电价形成机制。实行电价与煤价联动，可以合理体现发电、用电的成本，降低市场风险。

对煤电联动下的市场化电价机制，贵州黔西南州人民政府印发了《关于进一步完善全州煤电网产电价形成机制的指导意见（试行）》（以下简称《意见》）。《意见》提出，"实现电厂上网电价及时合理反映发电成本、市场供应状况、资源稀缺程度和环境保护支出，建立燃煤发电侧电价煤电联动机制"。燃煤发电上网电价根据燃煤发电厂单位供电完全成本进行确定，具体公式为：

电厂上网电价＝燃煤成本［标煤市场单价 P（元/大卡）×
供电标煤耗（299 克/千瓦时）×7000 大卡/千克］＋
单位供电相对固定成本（折 0.1219 元/度）

建立电煤价格定期监测机制。以典型电厂的电煤均价作为地方电网燃煤发电企业上网电价核定的依据，执行每日监测、按月汇总、季度公布的制度，结果作为电网燃煤发电价格确定的依据。

建立燃煤发电上网电价周期调整机制。综合考虑燃煤价格波动和电力价格相对稳定等需要，按季度对燃煤发电上网电价进行调整，按照煤电联动价格机制，以一定区域内统调电厂上一季度电煤价格为基础，在每季度第一日公布本季度燃煤发电上网电价。

4. 火电参与调峰辅助服务机制设计

为满足电网对新能源消纳和电网峰谷差日趋增大的情况，火电机组调峰意义重大，调峰能力是一个重要指标，它是机组最低稳燃负荷与机组最大负荷之比，是机组在负荷变化时跟踪能力的体现。

（1）火电调峰技术分析。

依据机组的出力范围，火电机组调峰过程通常可划分为基本调峰和深度调峰，如图 5-5 所示。其中，P_{max} 为机组的最大出力，P_1 为基本调峰阶段机组的最小出力，P_2 为第一阶段深度调峰阶段机组的最小出力，P_{min} 为第二阶段深度调峰阶段机组的最小出力。

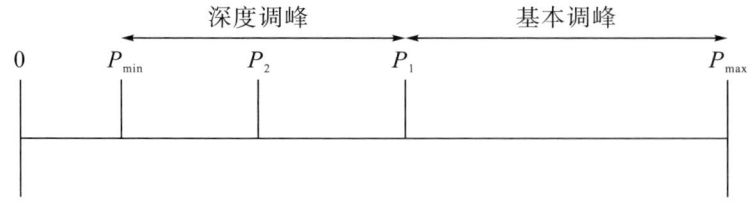

图 5-5 火电机组调峰分类

在我国推进火电灵活性改造的背景下，通过灵活性改造，火电深度调峰有了新的技术选择。我国火电灵活性改造的核心目标是充分响应电力系统的波动性变化,实现降低最小出力、快速启停、快速升降负荷三大目标,其中,降低最小出力,即增加调峰能力,是目前最为广泛和主要的改造目标。

提高火电的深度调峰能力主要包括三个路径:提高锅炉侧锅炉低负荷稳燃能力;实现汽轮机侧机组供热工况热电解耦;提高机组主辅机及其环保装置在低负荷下的设备适应性。由此也产生了多种技术路线。

采用蓄热式电锅炉技术在实现热电解耦、深度调峰上优势明显。特别是针对热电联产机组,蓄热装置已经成为基本配置,利用蓄热装置及供热系统的储热特性,可以实现热电联产运行方式的改善和灵活性的提升,效益明显。熔盐储能技术也可应用于火电灵活性改造,能显著改善火电机组供热调峰能力。与现有的火电机组调峰技术相比,蒸汽加热熔盐储能的火电调峰技术具有能耗低、运行节能可靠、改造成本低等优点。

(2) 火电机组调峰机制成本分析。

在基本调峰阶段,火电机组调峰成本 $C(P_i,t)$ 主要来自燃料成本和启停成本,计算表达式为:

$$C(P_i,t) = \sum_{t=1}^{T}\sum_{i=1}^{N_T}[u_{i,t}f(P_{i,t}) + u_{i,t}(1-u_{i,t-1})S_i] \quad (5-9)$$

$$f(P_{i,t}) = (a_{2i}P_{i,t}^2 + a_{1i}P_{i,t} + a_{0i})P_{coal} \quad (5-10)$$

式中:$P_{i,t}$ 为火电机组 i 在 t 时段的发电出力;N_T 为火电机组总数;T 为一个调度周期的时段数;$u_{i,t}$ 为 t 时段火电机组 i 的状态变量,$u_{i,t}=1$ 代表机组 i 处于开启状态,$u_{i,t}=0$ 代表机组 i 处于关机状态;S_i 为火电机组 i 的启停成本,本书将其统一折算为开机成本;$f(P_{i,t})$ 为火电机组 i 的燃料费用函数,a_{2i}、a_{1i}、a_{0i} 均为该函数的拟合系数;P_{coal} 为标煤单价。

本书考虑深度调峰模式进行成本核算。当机组处于第一阶段深度调峰阶段时,由于交变应力的影响,转子金属会产生额外的疲劳损耗,从而缩短了机组的使用寿命。根据 Manson-Coffin 公式，参与深度调峰造成的机组寿命损耗成本 C_{life} 可计算为：

$$C_{\text{life}} = \frac{\beta C_{\text{buy},t}}{2N_f(P_{i,t})} \qquad (5-11)$$

式中：β 为火电机组寿命损耗系数；$C_{\text{buy},t}$ 为火电机组 i 的购置成本；$N_f(P_{i,t})$ 为转子致裂循环周次。在第二阶段深度调峰阶段，机组需要蓄热式电锅炉、低品位热能利用的热泵技术等技术手段以保证其自身运行的安全性，此时火电机组的调峰成本除燃料成本、启停成本、寿命损耗成本之外，还应包括深度调峰新技术成本 C_{oil}，计算模型如下：

$$C_{\text{oil}} = P_{\text{oil}} Q_{\text{oil}} \qquad (5-12)$$

式中：P_{oil} 为深度调峰新技术单位成本；Q_{oil} 为第二阶段深度调峰阶段火电机组的蓄热式电锅炉、热泵等技术投入量。综上，火电机组总调峰成本 C 和调峰度电成本 ρ 可分别用如下的分段函数表示：

$$C = \begin{cases} C(P_{i,t}), P_1 \leqslant P_{i,t} \leqslant P_{\max} \\ C(P_{i,t}) + C_{\text{life}}, P_2 \leqslant P_{i,t} \leqslant P_1 \\ C(P_{i,t}) + C_{\text{life}} + C_{\text{oil}}, P_{\min} \leqslant P_{i,t} \leqslant P_2 \end{cases} \qquad (5-13)$$

$$\rho = \begin{cases} \dfrac{C(P_{i,t})}{P_{i,t}}, P_1 \leqslant P_{i,t} \leqslant P_{\max} \\ \dfrac{C(P_{i,t}) + C_{\text{life}}}{P_{i,t}}, P_2 \leqslant P_{i,t} \leqslant P_1 \\ \dfrac{C(P_{i,t}) + C_{\text{life}} + C_{\text{oil}}}{P_{i,t}}, P_{\min} \leqslant P_{i,t} \leqslant P_2 \end{cases} \qquad (5-14)$$

(3) 火电灵活性改造后调峰容量补偿机制。

目前火电灵活性改造主要源于发电集团的自发行为，缺少付费机制予以激励，而深度调峰市场存在着电能量价格失真、费用疏导不畅、过补偿或欠补偿等诸多不足。本节设计激励火电灵活性改造、提升系统灵活性的调峰容量补偿机制。

首先计算系统的调峰容量需求，以调峰容量为主要标的物，火电机组申报深度调峰改造容量和投资价格，以竞拍的形式由低到高采购，直至满足系统调峰需求。灵活性改造的固定成本在一定折旧年限内按一定收益率进行补偿，折旧年限过后不再补偿，按照"谁引发，谁承担成本"原则，补偿金额向新能源主体收取。以竞拍加补偿固定成本的方式激励火电机组灵活性改造，提高系统灵活调节能力。改造后的深度调峰容量可与常规容量一起纳入现货电能量市场范畴；同时，改造后的深调容量部分的变动成本通过电能量市场竞争回收。

在调峰容量补偿机制下，火电灵活性改造成本 R 通过固定成本补偿收益以及变动成本市场竞价收益回收。

$$R = R_{\text{fix}} + R_{\text{var}} = R_{\text{fix}} + \lambda_E P - C(P) \tag{5-15}$$

式中：R_{fix} 为火电灵活性改造固定成本收益，固定成本按一定折旧年限和折现率，通过补偿机制获取固定收益，R_{var} 为变动成本部分对应收益；λ_E 为电力现货市场节点价格；P 为电力现货市场分时中标电量；$C(P)$ 为火电机组分时变动成本，λ_E、P 由电力现货市场出清模型计算得到。

火电机组灵活性改造固定投资成本：设调峰容量补偿机组集为 S，机组 G_i 调峰容量改造成本为 C_i，改造投资折旧年限为 N 年，准许收益率（折现率）为 r，则机组 G_i 年化补偿金额为：

$$I_i = \frac{r(r+1)^N}{(r+1)^N - 1} C_i \tag{5-16}$$

系统年补偿金额为：

$$I = \sum_{i \in S} I_i \tag{5-17}$$

基于中电联电力统计基本数据和国家发展改革委、国家能源局全国煤电机组改造升级实施方案，我国"十四五"期间将完成 2 亿 kW 存量煤电机组灵活性改造，平均每年改造 4 000 万 kW，火电机组深度调峰改造平均成本约为 1 050 元/kW，固定投资折旧平均年限为 10 年，准许收益率（折现率）为 6%。

$$I = \frac{6\% \times (6\% + 1)^{10}}{6\% \times (6\% + 1)^{10} - 1} \times 1050 = 142.7 \text{元}/(\text{kW} \cdot \text{年})$$

(5-18)

由式（5-18）可知，机组平均年化补偿金额为 142.7 元/(kW·年)，在竞价拍卖补偿中，参考文献［30］中日前市场出清结果的情景设置，得出的深度调峰市场出清均价为 367 元/(MW·h)。综上所述，火电参与深度调峰市场化交易中，可通过固定成本补偿以日前市场竞价回收改造成本并进一步获取收益。

5. 火电参与调峰辅助服务费用分摊机制设计

目前，我国有偿调峰服务主要为低谷调峰，在用电低谷时期，火电机组等有偿调峰机组通过减出力满足调峰需求。各发电机组按各自调峰计费周期内的上网电费比例进行分摊。

$$W_{i,t}^P = \frac{W_{i,t}^E}{\sum_{i'}^{n} W_{i',t}^E} W_t^P \tag{5-19}$$

式中：$W_{i,t}^P$ 为机组 i 在 t 时段的调峰分摊费用；$W_{i,t}^E$ 为机组 i 在 t 时段的上网电费；$\sum_{i'}^{n} W_{i',t}^E$ 为所有机组在 t 时段的上网电费；n 为机组总数量；W_t^P 为 t 时段调峰计费周期内系统总调峰补偿费用。

$$W_t^P = \sum_{i=1}^{n_1} \lambda_i^p E_i^p \tag{5-20}$$

式中：n_1 为提供调峰服务的机组数量；E_i^p 为机组 i 在 t 时段的调峰电量；λ_i^p 为机组 i 在该调峰电量下对应的调峰中标价格。

推出调峰辅助服务的一个重要原因是电力用户的用电习惯导致电网负荷具有峰谷特性，在用电低谷时期，需要发电企业降低出力以保持供给平衡，这增加了发电企业的成本，因此需要对发电企业进行补偿。而目前调峰费用在电厂侧收支平衡，电力用户无需承担任何费用就可以享受发电企业提供的调峰服务，这不符合公平分配原则。因此，本节设计考虑负荷用户参与的调峰辅助服务费用分摊机制，以进一步规范电力用户合理用电。

电厂侧与用户侧分摊比例设计如式（5－21）所示。当火电机组参与调峰服务时，机组容量利用率较低，煤耗更高，机组使用寿命内的效益降低，从而产生了调峰成本，因此，应给予参与调峰的机组一定的补偿。在电网运行过程的每个时段内，电网的电力供需都必须保持平衡。未参与深度调峰的发电机组负荷率较高，发电量较多，需要分摊一定的调峰费用。同时，电网的峰谷差主要由用户各时段的用电量不均匀引起，因此应将一定的调峰费用分摊给用户。综上所述，调峰费用应由电厂侧、用户侧共同承担。

$$\begin{cases} W_{G,t} = \alpha W_t^P \\ W_{C,t} = (1-\alpha)W_t^P \end{cases} \quad (5-21)$$

$$W_t^P = M_{G,t} + M_{C,t} \quad (5-22)$$

式中：$W_{G,t}$ 为电厂侧在 t 时段承担的调峰金额；α 为分摊费用比例系数；$W_{C,t}$ 为用户侧在 t 时段承担的调峰金额；W_t^P 为调峰补偿总费用；$M_{G,t}$ 为电厂侧在 t 时段的调峰补偿费用；$M_{C,t}$ 为用户侧在 t 时段的调峰补偿费用。

（1）电厂侧调峰机制。

①调峰补偿费用。

电厂侧调峰补偿费用以各下调容量比例区间的少发电量与对应价格的乘积结算：

$$M_{G,t} = \sum_{i=1}^{n_1} \sum_{j=1}^{m} \lambda_{i,j,t}^P E_{i,j,t}^P \quad (5-23)$$

式中：$E_{i,j,t}^P$ 为机组 i 在 t 时段第 j 档下调容量比例的少发电量；m 为总下调容量比例档位数；$\lambda_{i,j,t}^P$ 为机组 i 在 t 时段第 j 档下调容量比例的调峰补偿价格。

②调峰分摊费用。

参与深度调峰的机组下调自身出力后，提高了风电、光伏的消纳水平，在一定程度上减少了弃风、弃光；同时，未参与深度调峰的机组仍保持较高的负荷率，发电成本较低，利润较高。因此，电厂侧调峰费用应由风电场、光伏电站和未参与深度调峰的火电厂分摊，其分摊费用应根据超出有偿调峰基准负荷率的发电量进行计算，图 5-6 展示了需获取补偿及分摊补偿的电量，相应的电量分摊费用如式（5-24）所示。

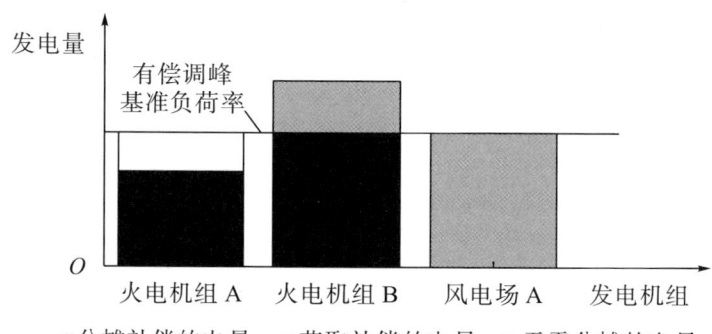

图 5-6 调峰费用分摊

$$W_{G,i,t} = W_{G,t} \frac{E'_{i,t}}{\sum_{i'=1}^{n_2} E'_{i',t}} \quad (5-24)$$

式中：$E'_{i,t}$ 为需分摊调峰费用的机组 i 在 t 时段的修正电量；n_2 为需要分摊调峰费用的机组数量。

火电机组分摊的修正电量根据其负荷率的大小进行修正，如式（5-25）和式（5-26）所示。

$$E'_{i,t} = \sum_{j=1}^{3} k_j E_{i,j,t} \quad (5-25)$$

$$k_j = \begin{cases} 1, & 60\% < \rho \leqslant 70\% \\ 3, & 70\% < \rho \leqslant 80\% \\ 4, & \rho > 80\% \end{cases} \quad (5-26)$$

式中：k_j 为第 j 档负荷率-电量修正系数；ρ 表示负荷率；$E_{i,j,t}$ 为机

组 i 在 t 时段第 j 档的实际发电量。

利用风电-负荷波形相似度修正风电分摊调峰电量。用等电量-顺负荷法将风电出力曲线变换为一条与电网负荷波动性相同的风电等效出力曲线,比较风电实际出力曲线和等效出力曲线之间的波形相似度,从而评估风电实际出力对系统调峰的影响,并引入相似度因子修正风电调峰分摊电量。

风电等效出力曲线由等电量-顺负荷法求得,如式(5-27)所示。

$$\begin{cases} \sum_{t=1}^{T} P_{w,\text{real},t} = \sum_{t=1}^{T} P'_{w,t} \\ \dfrac{P'_{w,t} - P'_{w,t-1}}{P'_{w,t-1}} = \dfrac{P_{\text{grid},t} - P_{\text{grid},t-1}}{P_{\text{grid},t}}, \quad t = 2,3,\cdots,T \end{cases} \quad (5-27)$$

式中:$P_{w,\text{real},t}$ 为风电场在 t 时段的实际出力;$P'_{w,t}$ 为 t 时段的风电等效出力;T 为总时段数;$P_{\text{grid},t}$ 为 t 时段的电网负荷。

式(5-28)和(5-29)为波形相似度的计算,S_{zt} 体现波形整体相似度,采用余弦相似度表示;S_{fzcy} 体现曲线具体对应数据大小差异的程度,采用波形幅值差异度表示。

$$S_{zt} = \dfrac{\sum\limits_{t=1}^{T} P_{w,\text{real},t} P'_{w,t}}{\sqrt{\sum\limits_{t=1}^{T} P_{w,\text{real},t}^{2}} \sqrt{\sum\limits_{t=1}^{T} (P'_{w,t})^{2}}} \quad (5-28)$$

$$S_{\text{fzcy}} = \dfrac{\sum\limits_{t=1}^{T} \left| P'_{w,t} \log_2 \dfrac{P'_{w,t}}{P_{w,\text{real},t}} \right| + \sum\limits_{t=1}^{T} \left| P_{w,\text{real},t} \log_2 \dfrac{P_{w,\text{real},t}}{P'_{w,t}} \right|}{2TP_N}$$

$$(5-29)$$

以修正后的风电场电量 $E'_{wi,t}$ 参与有偿调峰费用分摊,即:

$$E'_{wi,t} = k_w E_{wi,t} = (1-S) E_{wi,t} = [1-(S_{zt} - S_{\text{fzcy}})] E_{wi,t}$$

$$(5-30)$$

式中:k_w 为电量修正系数;$E_{wi,t}$ 为风电场 i 在 t 时段的实际发电量;S 为风电机组的总体波形相似度。

(2) 用户侧调峰机制。

根据电网、用户的负荷曲线设计用户侧调峰影响指标和用户侧调峰机制，以调峰影响指标作为用户侧调峰责任的划分指标。

参照电厂侧调峰规则，以用户日平均负荷除以电网日平均负荷作为放缩比，据此对电网负荷进行放缩，并将放缩后的负荷作为基准负荷。对比基准负荷与用户的实际负荷的大小，分析用户对调峰辅助服务的影响。考虑到用户与电网双方面的影响，将用户调峰影响指标定义为：

$$A_{i,t} = r_{\mathrm{grid},t}(P_{\mathrm{grid},t}\frac{\overline{P}_{\mathrm{hold},i}}{\overline{P}_{\mathrm{grid}}} - P_{\mathrm{load},i,t}) \quad (5-31)$$

式中：$r_{\mathrm{grid},t}$ 为 t 时段的电网峰谷指标，当电网处于峰时段时其值为 1，当电网处于谷时段时其值为 -1；$P_{\mathrm{load},i,t}$ 为用户 i 在 t 时段的负荷，采样周期为 1h，此时功率与用电量相等；$\overline{P}_{\mathrm{hold},i}$、$\overline{P}_{\mathrm{grid}}$ 分别为用户 i、电网当日平均负荷。当 $A_{i,t}>0$ 时，表示用户用电行为对电网有积极的调峰作用；当 $A_{i,t}<0$ 时，表示用户用电行为对电网调峰有消极作用。

当 $A_{i,t}>0$ 时，用户 i 在 t 时段的调峰补偿费用 $M_{C,i,t}$ 为：

$$M_{C,i,t} = \lambda_u A_{i,t} \quad (5-32)$$

$$M_{C,t} = \sum M_{C,i,t} \quad (5-33)$$

式中：λ_u 为用户侧调峰补偿价格。

当 $A_{i,t}<0$ 时，用户 i 在 t 时段需分摊的调峰费用 $W_{C,i,t}$ 为：

$$W_{C,i,t} = W_{C,t}\frac{A_{i,t}}{\sum_{i'\in M_2} A_{i',t}} \quad (5-34)$$

由于此时 $A_{i,t}$ 均为负数，因此分摊的调峰费用 $W_{C,i,t}$ 为正数。

(3) 算例分析。

基于一个包含 4 个发电厂商与 3 个电力用户的区域网络，对一天内调峰辅助服务分摊费用进行计算。根据我国部分省份的实践情况，火电机组参与调峰辅助服务以 60% 的负荷率作为有偿调峰基准，以机组 5% 的额定容量比例作为一个价格区间，价格随着火电机组的调峰深度增加

第5章 多元发电主体参与电力市场化交易的机制和路径建议

而递增,取价格上限为补偿价格,如表 5-5 所示。假设用户侧调峰补偿价格为 250 元/(MW·h),电厂侧及用户侧分摊比例取 α=0.6;发电商出力曲线、用户负荷曲线及电网典型日负荷曲线如图 5-7~5-9 所示。

表 5-5 火电机组调峰容量和补偿价格

下调容量比例	调峰补偿价格 [元/(MW·h)]
(0, 5%]	≤100
(5%, 10%]	≤200
(10%, 15%]	≤400
(15%, 20%]	≤500
20%以上	≤600

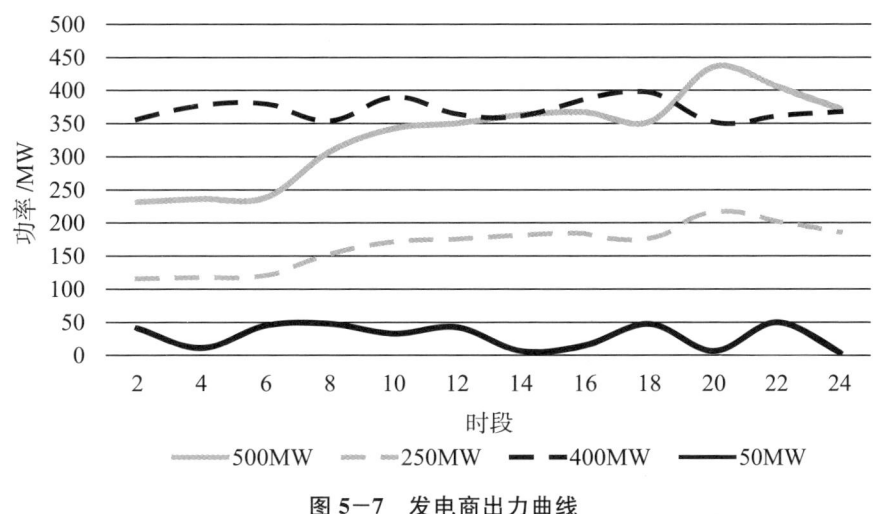

图 5-7 发电商出力曲线

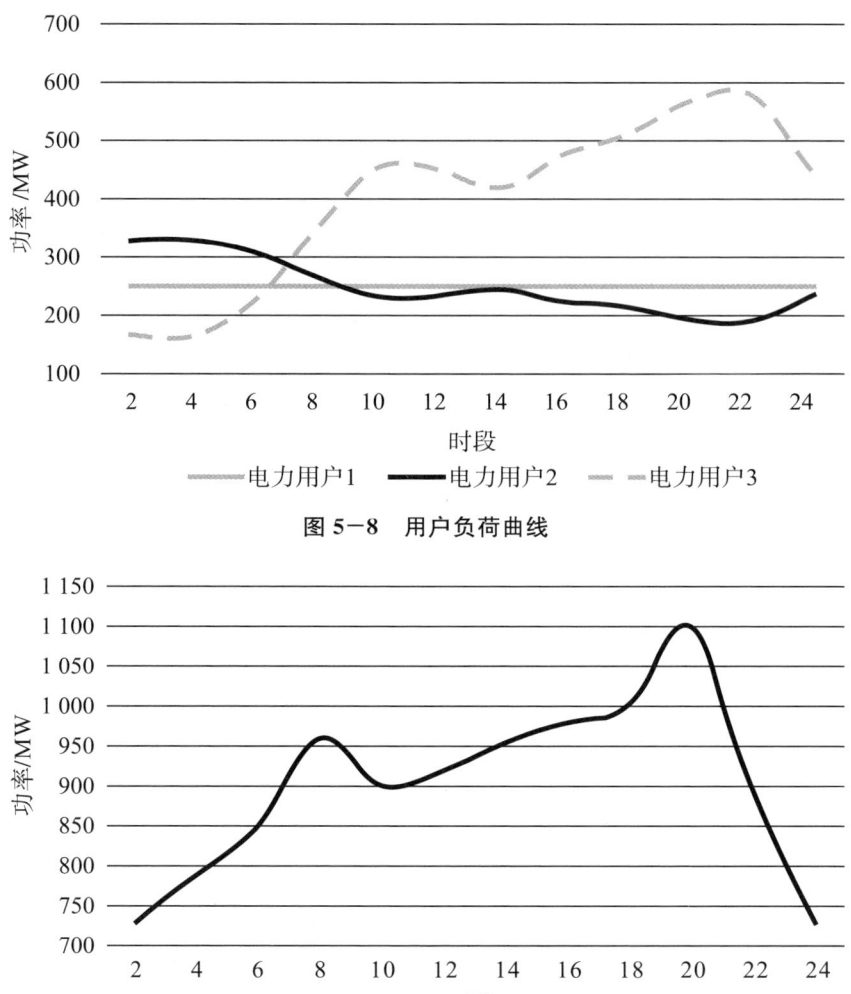

图 5-8 用户负荷曲线

图 5-9 电网典型日负荷曲线

算例中只有 2、4、6 三个时段存在火电机组低于基准负荷率的情况，因此，计算这三个时段的调峰辅助服务补偿及分摊情况。通过计算，可得原有分摊方式与提出的分摊方式的分摊费用，如表 5-6 所示。主要结论如下。

当按上网电费比例进行调峰费用分摊，且用户不参与分摊时，火电厂作为调峰服务提供者，在获得调峰补偿的同时，也会作为分摊对象承担调峰分摊费用。相较于火电厂，风电场出力较小，分摊费用较低。火电厂作为深度调峰的主力，承担了大部分的调峰任务，却还需承担较高的分摊费用，风电场不具备调峰能力，应向系统购买调峰服务，但因其上网电量较低，分摊费用也相应较低，该种分摊方式欠缺合理性。

表 5-6 调峰服务补偿及费用分摊

时段	原有分摊方式						新提出的分摊方式					
	2		4		6		2		4		6	
市场主体	分摊费用(元)	补偿费用(元)	分摊费用(元)	补偿费用(元)	分摊费用(元)	补偿费用(元)	分摊费用(元)	补偿费用(元)	分摊费用(元)	补偿费用(元)	分摊费用(元)	补偿费用(元)
500MW 火电	4 179.31	8 956	4 096.75	8 580	3 847.82	8 420	0	8 956	0	8 580	0	8 420
250MW 火电	2 089.65	4 478	2 047.51	4 294	1 924.71	4 206	0	4 478	0	4 294	0	4 206
400MW 火电	6 424.02	0	6 542.67	0	6 122.63	0	31 356.01	0	28 211.71	0	19 153.18	0
50MW 风电	741.02	0	187.08	0	730.84		2 550.18	0	509.22	0	1 431.37	0
电力用户1							0	11 830.8	0	7 666.31	0	3 473.96
电力用户2							0	31 245.4	0	27 327.9	0	18 207.6
电力用户3							22 604.01	0	19 147.2	0	13 723.0	0

第 5 章　多元发电主体参与电力市场化交易的机制和路径建议

由于火电厂提供了调峰服务，风电场无法提供调峰服务，在提出的分摊方式中，火电厂的分摊费用大幅下降，风电场的分摊费用上升，这符合调峰"谁提供，谁收益"的原则。用户作为造成系统峰谷特性的重要因素，将其引入调峰费用分摊方也体现了对电厂的公平原则。调峰影响指标的引入，使用户通过改变自身用电习惯以获得调峰收益成为可能。若用户为降低自身分摊费用并提高调峰收益，在负荷低谷时多用电，则可在一定程度上缓解调峰压力，减少向电厂侧购买的调峰服务，促进风电消纳。

火电厂 1、2 在有偿调峰时段提供了较多的调峰服务，其分摊费用下降明显；由于火电厂 3 始终未提供调峰服务，因此其无调峰补偿且需承担较高的分摊费用。用户 1、2 总体用电趋势与电网负荷相反，可以获得较高的调峰补偿。用户 3 用电趋势与电网负荷相似，调峰消极评价较多，需要分摊较高的费用。在两种分摊方式中，电厂侧可获得的调峰补偿一致，但由于提出的分摊方式考虑了用户侧的调峰影响，电力用户可获得一定的调峰补偿，这导致调峰分摊的总费用上升。

6. 完善火电参与市场化交易配套机制建设，保障合理收益

总体而言，火电企业参与市场化交易，电力市场需要整体性考虑，建设配套机制体系。一是借鉴国际经验，结合我国实际国情，加快推动建立容量成本回收机制，保障发电企业成本合理回收，激励新增电源投资，提高发电容量的长期充裕性。二是建立公平合理的辅助服务市场，按照"谁受益，谁承担"的市场化原则，合理分摊新能源发电产生的整体系统性成本，建立用户参与的电力辅助服务分担共享新机制，调动灵活资源参与辅助服务，落实国家能源局新修订的《辅助服务管理办法》(国能发监管规〔2021〕61号)。三是强化对煤炭市场的管控，确保煤价运行在合理区间，以便与之联动的中长期价格与发电成本有机衔接。四是缩短交易周期、增加交易频次、丰富交易品种，完善带电力负荷曲线的交易机制，为市场主体在更短周期内合理调整中长期合约提供市场

化手段，切实发挥中长期交易规避风险的作用。五是规范电网代理购电组织及结算方式，明确代理购电规模逐步退坡的约束办法及配套机制，确保代理购电用户与普通市场化用户享有同等权责，电网企业在现货市场要单独预测代理购电用户负荷曲线，作为价格接受者参与现货市场出清。六是完善电力市场秩序及电力交易监管，落实《关于进一步规范电力市场秩序加强电力交易监管的通知》（发改办能源〔2022〕271号）精神，提升事前、事中、事后全过程监管效能。七是规范信息披露，保证披露信息及时、准确，同时结合市场建设情况，适当增加信息披露内容，指导电网企业及时向市场主体公开技术标准、价格标准、调度运行等方面的信息，提升电力市场运营透明度，营造公平、公正、公开的市场环境，保障市场主体合法权益。

5.1.2 新能源企业参与市场化交易的机制设计

电力市场交易机制是决定市场运行效率和交易规模的关键因素。高效的交易机制可以促进新能源积极参与市场，实现资源优化配置。纵观国际和国内发展趋势，可再生能源装机占比快速上升，已成为电力增长的主体，这也符合我国发展构建以新能源为主体的新型电力系统的趋势。

随着清洁能源低碳发展战略和"双碳"目标的提出，以及电力市场化改革的进一步加快，新能源参与电力市场化交易是大势所趋，也是不可阻挡的潮流。回顾新能源电能量价格的形成过程，我国过去的新能源发展补贴政策为行业发展作出了历史性贡献。新能源的发展走过了标杆电价阶段、竞价阶段和平价阶段，未来将完全进入市场竞争的阶段。

1. 适应新能源消纳的合约机制

将新能源优先发用电计划转化为政府授权合约，对于保障收购的优先发电电量，《电力中长期交易基本规则》提出执行政府定价的优先发电电量视为厂网间双边交易电量，签订厂网间购售电合约。将优先发用

第5章 多元发电主体参与电力市场化交易的机制和路径建议

电计划转化为政府授权合约，相应合同纳入电力中长期交易合同管理范畴，其执行和结算均须遵守中长期交易基本规则，以市场化手段体现政府对优先发用电的保障作用。按照"保量保价"全额收购，签订厂网间购售合同，按政府批复的价格执行。约定年度各时段总量及分月计划，纳入市场化交易合同进行统一管理，执行"照付不议，偏差结算"原则，差额资金补偿提供火电企业。

2. 新能源参与电力中长期市场机制

中长期市场可以有效规避现货市场价格波动风险，提前锁定部分售电收益和购电成本。开展跨省跨区中长期市场交易可以促进新能源更大范围优化配置和良性消纳。

为适应新能源电力消纳保障机制，中长期交易将新能源的电能价值与环境价值捆绑，交易价格体现绿电附加价值，交易成交电量计入用户消纳量。捆绑交易的中长期市场一般只允许签订带曲线的物理合约，如果签订金融合约，则需在电量偏差考核时考虑新能源的环境价值。新能源电力中长期市场交易模式主要包括以下三种。

模式一：绿电批发消纳模式。该模式是指新能源企业与承担消纳责任权重或有意向购买绿电的大用户通过双边协商、集中或挂牌交易等方式开展的中长期电力批发交易。同时，新能源受政策支持的优先发电电量以及跨省区输送电量，也可纳入中长期交易合同。

通过双边协商，新能源企业和大用户可以根据出力曲线和用电曲线的匹配程度签订中长期电量合同，约定交易电量、绿电附加价值和结算方式等，经安全校核和相关方确认后形成最终交易结果。用电曲线较为平坦的用户可以优先签订合同，促进消纳能力强、成本低的用户多消纳，进而降低新能源消纳的社会成本。

由于合同价格包含环境价值，若实际上网电量小于合同电量（合同电量少发），新能源发电企业应将其持有的绿证或从消纳量市场购买的消纳量交付给用户，以保障用户消费绿电的权益；若合同电量多发，新能源发电企业可以获得多发电量对应的绿证。

模式二：绿电替代消纳模式。其一，新能源企业替代传统化石能源发电商，向用户供应电力，除了替代发电的电能收益外，新能源企业还可以通过发电量获得绿证，并在绿证市场转售取得额外收益。其二，新能源企业与自备电厂间的发电权置换交易，由于拥有自备电厂的企业需承担与其年用电量对应的消纳责任权重，交易中心可以组织新能源与自备电厂进行发电权转让交易。新能源企业与自备电厂双方自主协商确定交易电量、交易价格和违约电量赔偿标准等，并由交易中心根据结算情况向被替代方出具新能源消纳量凭证。

模式三：绿电零售消纳模式。随着"双碳"目标深入人心，售电公司应加强绿色电力套餐的设计和宣传，降低个人、企业等电力消费者对绿色电力价格的敏感程度，为有意愿购买绿电的零售用户提供平台。参考美国自愿绿电市场运行的经验，售电公司可通过合理的定价机制，引导用户积极参与需求响应，激励用户基于自身价格弹性主动进行负荷调整，促进新能源消纳。

3. 新能源参与电力现货市场机制

当前，我国电力现货市场正处于建设完善阶段，中长期市场和现货市场衔接关系尚未完全厘清，同时新能源由于出力的波动性，其参与现货市场机制和对应的策略也未发展成熟。本节针对新能源参与电力现货市场机制进行研究，提出新能源参与电力现货市场的过渡机制。

考虑到新能源出力的间歇性、波动性和预测的不确定性问题，在国内电力现货试点建设初期，新能源难以做到与其他常规火电平等参与市场申报。同时，考虑到各类型发电机组仍存在实行电价双轨制的情况，为保证新能源投资建设成本的回收，新能源可不直接参与现货市场。引入"代理交易商"的概念，以代理交易商作为代理所有新能源参与交易的"市场接口"纳入市场出清优化。同时，由代理交易商代理与用户侧签订政府授权合约，通过中长期合约提前锁定、合理控制新能源暴露在现货市场价格的部分,通过代理交易商与新能源企业之间的结算将市场内的现货价格传导至新能源,为新能源下一步直接参与现货市场奠定基础。

现货市场交易中,代理交易商在日前申报的出力与实际发电出力之间存在一定偏差,偏差部分的结算会给代理交易商带来一定风险。同时,现货市场中的价格波动也会使代理交易商的电能现货收益与场外需支付给新能源的价格不匹配,产生结算偏差费用。此时,可以调整政府授权合约电量 V_q 占其实际发电上网电量 Q_r 的比例,来控制新能源参与现货市场的比例,如图 5-10 所示。

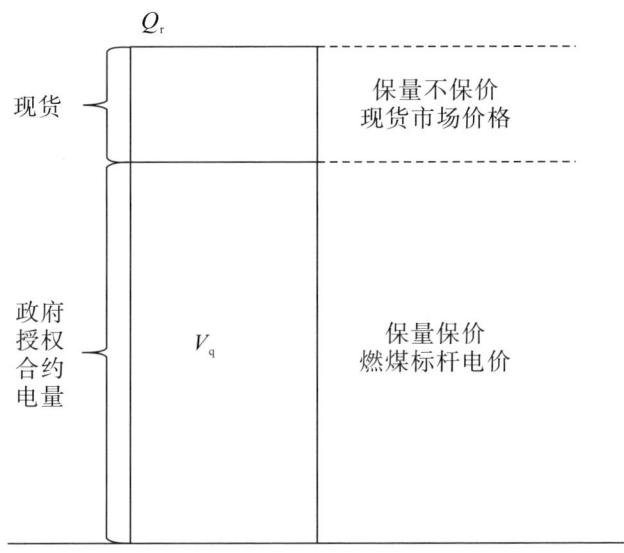

图 5-10 新能源电价机制参与现货市场衔接

代理购电商在电力市场中的收益表示为

$$C_e = Q_d P_d + (Q_r - Q_d) P_r + V_q (V_p - P_d) + B_q (B_p - P_d)$$

(5-35)

式中:C_e 为现货市场电能收益,Q_d 为日前市场申报电量,P_d 为日前市场节点电价,Q_r 为实时市场实际电量,P_r 为实时市场节点电价,V_q 为政府授权合约电量,V_p 为政府授权合约电价,B_q 为双边合约电量,

B_p 为双边合约电价,P_d 为场外新能源的固定电价。

考虑新能源出力的不确定性,政府授权合约电量 V_q 可以事后根据新能源实际上网电量 Q_r 的一定比例确定。

代理交易商在场外应支付给新能源的上网电费可以表示为:

$$F = P \cdot Q_r \tag{5-36}$$

式中:F 为场外支付给新能源的上网电费,P 为新能源当前上网固定电价,Q_r 为实时上网电量。

代理交易商在现货市场中的收益与应支付给新能源的电费便产生了偏差费用,可以表示为:

$$\delta = C_e - F \tag{5-37}$$

式中:δ 为市场内外结算产生的电能量偏差费用。

以某省某年 5 月开展电力现货市场周结算试运行结果数据为基础,假设运行期间风电、光伏新能源由该代理交易商代理参与现货市场出清,共产生上网电量 3.98 亿 kW·h。表 5-7 提供了市场用户放开比例分别为 0、10%、50%、90%,对应的政府授权合约覆盖比例分别为 100%、90%、50%、10%时,新能源收益变化趋势情况。在政府授权合约对应保量保价电量部分时,电价为燃煤机组标杆上网电价 0.42 元/(kW·h),因此市场外新能源上网电价为 0.42 元/(kW·h)(不含补贴)。假设现货市场平均价格为 0.38 元/(kW·h)。

表 5-7 新能源参与市场电能量收益变化趋势

政府授权合约覆盖比例/%	政府授权合约量/亿 (kW·h)	现货电能电费/亿元	场外上网电费/亿元	度电传导费用/[元×(kW·h)]
100	3.980	1.671	1.671	0
90	3.580	1.655	1.671	0.004
50	1.990	1.592	1.671	0.022
10	0.398	1.528	1.671	0.036

第5章 多元发电主体参与电力市场化交易的机制和路径建议

以政府授权合约覆盖 90% 为例,新能源的政府授权合约量共为 3.58 亿 kW·h,此时代理交易商在现货市场内参与结算后最终的电能电费收益 $C_e=0.38\times3.98+(0.42-0.38)\times3.58=1.6556$ 亿元。代理交易商在场外应支付给新能源的购电费用 $F=3.98\times0.42=1.6716$ 亿元,偏差费用 $\delta=1.6716-1.6556=0.016$ 亿元,新能源的度电传导费用 $\Delta F=0.016/3.980=0.004$ 元/(kW·h)。根据表 5-7 可以得到,随着新能源政府授权合约覆盖比例的减少,代理交易商需要向其传导的度电费用也越贴近现货降价幅度。

4. 新能源绿证交易机制

绿证市场可为持有绿证的新能源企业和承担消纳责任的市场主体提供交易平台,同时也为有绿电购买需求的企业或个人提供自愿认购的渠道。

(1) 绿证履约交易市场。

新能源企业在中长期合同之外的超发电量和在现货市场的中标电量,可以申请核发绿证,然后在绿证认购市场挂牌出售,或与购买方通过双边协商的方式交易,以减轻政府新能源补贴的压力。为衔接中长期市场交易机制,若新能源企业由于出力偏差导致其实际发电量小于应执行的中长期合同电量,应用其持有的绿证补齐少发电量对应的消纳量,以保障电力用户完成消纳量。

(2) 绿证自愿交易市场。

在"双碳"目标的驱动下,社会各界对于新能源清洁低碳的绿电价值将有更加深刻的认识。相关部门应广泛宣传,积极培育绿证自愿交易市场,鼓励企业、组织机构和个人自愿认购绿证,并将企业绿色产品认证、税收优惠等与绿证逐步关联,活跃绿证市场交易。同时,区块链等新技术可以全面记录绿电生产、交易、消费等各环节信息,保证数据不可篡改,实现绿证全生命周期追踪。

(3) 绿证补偿辅助服务。

大比例间歇性新能源并网增加了电力系统调峰、调频、备用等辅助服务需求。常规电源可以通过提供辅助服务提升系统的灵活性，为消纳新能源作出贡献。按照"谁受益，谁承担"的原则设计绿证市场与辅助服务市场耦合机制，利用新能源绿电价值补偿常规电源提供辅助服务的成本，可以提升市场主体参与辅助服务的积极性。在辅助服务市场开展初期，新能源企业需要分摊的辅助服务费用在一定比例范围内可以通过绿证抵扣，通过双边协商的方式与传统化石能源发电企业达成交易。新能源发电企业售出绿证获得的收入可以替代补贴，化石能源发电企业购入的绿证可以与优先发电权、优先保障煤炭进口量等挂钩，拓宽绿证交易的渠道。

5. 加快新能源配套机制建设，保障合理收益

一是切实落实保障性收购政策，确保保障利用小时数不减，可将保障性收购政策转换为政府授权合同的形式，实现与市场的衔接。二是建立用户强制配额制度，进一步压实用户（售电公司）新能源消纳权重责任，推动绿色电力"证电分离"，开展绿证交易并将其与自愿绿证交易配合开展，推动清洁能源与其他类型的电源同台竞争，从"能量价值"和"绿色价值"两个方面体现其价值。三是做好中长期市场与现货市场的衔接，允许新能源以聚合商的形式参与市场，完善带电力负荷曲线交易机制，提高交易频率，缩短市场出清时间间隔。四是同步建设辅助服务市场，将新能源占比提升增加的系统成本，按照"谁受益、谁承担"的原则，向用户侧进行疏导，由受益用户共同承担。

5.1.3 水电企业参与市场化交易的机制设计

水电在中国的电力构成中，不论是装机量还是发电量，都占有重要地位。长期以来，水电基本是通过计划体制进行"三公调度"。鉴于中国大部分水电资源在西部（特别是西南），就地消纳困难，需要大规模

第5章 多元发电主体参与电力市场化交易的机制和路径建议

外送，水电的省间交易尤其重要。

随着电力市场改革的推进，未来中国水电走向以"保量竞价"和完全自由竞价方式为主的市场化消纳是必然的。一方面，这是由国内能源体制革命和电力市场发展的大趋势所决定的；另一方面，也是由于水电体量巨大，大量保留在计划体制内必然限制新能源的发展和用户侧市场化电量占比的提升。同时，水电的生产和消费涉及复杂的协调机制和利益关系，为了更好地促进不同地区、不同能源的长期协调发展，也有必要逐步推进水电的市场化消纳。

水电的市场化消纳要点在于通过水电市场交易体系框架的系统化落实，适应不同时空的水电特点，妥善解决其所面临的市场化挑战。

1. 水电保消纳机制

发展清洁能源是国家战略。在竞价博弈的市场交易中，保障水电消纳，需要通过协调市场交易体系中各维度机制实现。其中几类关键机制如下所示。

（1）交易品种方面，需要加强短期临时性交易（例如目前在各水电大省广泛开展的"减弃增发"类交易、省内外的各类发电权替换交易等），发展现货交易。

（2）交易规则方面，需要在保障安全的前提下，充分考虑水电的环境价值，可通过一定规则促进水电优先替代传统火电。具体措施包括：在市场出清优化目标中增加弃水惩罚，预留一定负荷量和输电通道开展水电专场交易，鼓励部分水电以报量不报价方式参与交易，允许水电调整报价并进行市场二次出清等。

（3）与政策协调方面，需要科学实施可再生能源消纳保障机制，通过绿电、可再生能源消纳凭证、碳排放、水权交易等，把电力市场与其他市场、市场外政策机制等联系为一个整体，系统化促进水电消纳。

（4）省间市场方面，需要促进全国统一电力市场和省间现货市场建设，协调省间和省内市场，促进水电的跨区跨省消纳。

2. 调度协调机制

随着发用电计划放开的幅度越来越大，水电的发电计划最终将主要由市场交易的结果决定，但需要特别注意与调度机制的协调。

（1）优先发电政策的科学实施，需要根据当地市场化发展情况（例如用电侧的放开幅度）以及市场主体的承受能力，逐步调整"保量保价"和"保量竞价"水电的比例，持续、科学调整水电的计划性电力电量。

（2）保障电网安全，需要在市场出清结果的安全校核、现货市场的运营规则等方面，与电网调度充分协调。有关水电机组振动区的处理就是一个例子。

（3）加强技术和管理机制协调，需要在电力市场竞价出清的过程中，尽可能实现水力资源的充分利用。例如，梯级水电站群作为市场主体报价时，为了充分利用水资源，上下游相关水电厂应当在相关时段内同时出清，否则都不出清；市场出清时需要增加上下游水电厂在出清电量和时间段方面的匹配约束等。

3. 成本回收机制

保障不同类型水电厂能够回收成本，需要注意以下两点。

（1）市场交易品种方面，通过容量市场商品、辅助服务市场商品等，为水电厂提供多种市场化回收成本的渠道，同时充分利用水电本身良好的调节性能（有库容调节能力的情况下）。

（2）与政策机制协调方面，通过可再生能源消纳保障机制、优先发电、税收、贷款、容量补贴等政策，保障水电能够平稳进入市场。

4. 履约偏差处理机制

在市场交易品种方面可采用以下做法。

（1）通过现货交易，以及其他多种类型和周期的电能量交易，为水电厂提供丰富的合同调整手段，以适应水电可预测性差、影响合同履约因素多的特点。

(2) 通过差价合约、期权、期货等电力金融商品，配合多类型的交易品种，为面临多重风险的水电企业提供分摊和规避风险的市场化工具。

在市场交易规则方面，可予以一定的免考核和豁免（但应随机制成熟逐步减少）。

(1) 免考核偏差范围适度放大。考虑到水电生产及技术特点，给予水电比传统火电更大的免考核偏差范围。

(2) 振动区限制豁免。在出清算法和安全校核中，规避水电机组振动区；在调频辅助服务中，因振动区限制可免于相关 AGC 考核。

(3) 水头限制豁免。水电机组因水头受限等原因，可免于相关 AGC 考核。

(4) 建立特定的免考核规则。例如，当水电由于防洪、灌溉、政府指令性计划等原因，而造成已成交合同（可带曲线）执行偏差时，给予免考核。这样做的关键问题在于这些偏差所造成的损失应当如何处理。可选的思路包括政府兜底、所有市场主体分摊等。

5.2 适应不同阶段的典型电源参与电力市场化交易路径建议

5.2.1 成熟市场交易体系建立路径

市场化是一个逐步完善和循序渐进的过程。中国电力市场建设需要统筹考虑电价体系、电网结构、平衡格局、计划放开、市场环境等边界条件的变化，分阶段逐步推进省间和省内市场的融合，最终构建全国统一电力市场，实现电力资源在全国范围内的自由流通和优化配置。

电力市场主要由中长期市场、现货市场、辅助服务市场等构成。中长期市场主要开展多年、年、季、月、周等单日以上电能量交易。现货市场主要开展日前、日内、实时电能量交易。辅助服务市场主要包括调频、备用等。条件成熟时，探索开展容量市场、电力期货和衍生品等交易。

《关于推进电力市场建设的实施意见》明确指出，电力市场建设的实施路径是：有序放开发用电计划、竞争性环节电价，不断扩大参与直接交易的市场主体范围和电量规模，逐步建立市场化的跨省跨区电力交易机制。选择具备条件的地区开展试点，建成包括中长期和现货市场等较为完整的电力市场；总结经验、完善机制、丰富品种，视情况扩大试点范围；逐步建立符合国情的电力市场体系。非试点地区按照《关于有序放开发用电计划的实施意见》开展市场化交易。试点地区可根据本地实际情况，另行制定有序放开发用电计划的路径。零售市场按照《关于推进售电侧改革的实施意见》开展市场化交易。

随着国家全面深化改革的不断推进，电力市场建设还将进一步提速。尽管市场建设已取得了显著成效，但中国电力市场建设仍面临计划与市场长期并存、发展不平衡不充分、能源清洁低碳转型、电力安全风险增加、市场主体多元化及利益矛盾加剧等多重挑战，需要多方统筹，分阶段明确各电源参与市场化交易的发展路径。

在"双碳"目标下，综合考虑新能源发展形势、全国统一电力市场形态和电力市场建设环境等因素，全国统一电力市场可分为转型期、提升期、融合期、成熟期四个阶段。

"十四五"近期阶段（2021—2022 年）为转型期：新能源持续快速发展，消纳政策由计划向市场过渡，存量新能源以全额保障性收购为主、增量参与电力市场；省间、省内市场两级运作，中长期交易向月内延伸、部分省开展现货试点。

"十四五"中期阶段（2023—2025 年）为提升期：新能源装机占比

第 5 章　多元发电主体参与电力市场化交易的机制和路径建议

持续提升，参与市场的政策体系基本建立，保障利用小数逐步降低，存量新能源市场化消纳比例明显提高；省间、省内两级市场紧密衔接，中长期交易全面落实"六签"、实现连续运营，现货范围扩大、部分省份正式运行。

"十五五"阶段（2026—2030 年）为融合期：新能源成为主要电源，新型电力系统初步建成，参与市场政策体系基本成熟，逐步取消保障小时，市场成为新能源消纳主要手段；省间、省内交易逐步融合、实现统一申报，中长期交易机制成熟完善，现货范围扩展到全国。

远期阶段（2030 年以后）为成熟期：电源结构以新能源为主体，新型电力系统全面建成，新能源全部通过市场进行消纳，适应高比例新能源接入的市场机制成熟完善；省间、省内市场完全融合，形成以新能源为主体、全国优化配置资源的全国统一电力市场。

从市场目标来看，需以促进能源资源大范围、高效配置为目标构建全国统一电力市场。中国能源供需逆向分布和新能源快速发展的国情特点，决定了能源资源需要在更大范围内进行配置和流动。贯彻落实国家"构建国内国际双循环相互促进的新发展格局"决策部署，也要求"加快完善国内统一大市场"，畅通电力生产要素运转。

从市场形态来看，考虑到中国以省为主体的财税、价格、经济运行等管理体制，以及资源大范围配置需求，近期宜以省间、省内市场"统一市场、两级运作"起步；中远期，随着市场基础条件的变化，逐步推进省间、省内市场融合。随着市场的进一步发展、市场环境更加成熟、市场基础不断演变，省间壁垒逐步打开，省间、省内市场逐步融合并向全国统一电力市场过渡。

近期市场形态中，省间、省内市场可采取"分层申报、协调出清"的模式。省间和省内市场分别进行申报，各省先在省间平台申报送、受电需求及价格，省间交易组织出清后，将形成的交易结果作为省内市场的边界条件。省内市场再行组织交易，满足省内用户用电需求。

中远期市场形态中，省间市场壁垒逐步打开，省间、省内市场逐步融合。通过交易机制耦合，可逐步形成省间和省内市场"统一申报、联合出清"模式，即将各省总体购、售电需求及价格统一在省间平台申报，省间开展考虑主要断面、输电通道的优化出清，省内根据出清结果，再组织省内交易。随着融合程度的加深，进一步过渡到"统一申报、统一出清"模式，即各省总体购、售电需求及价格统一在省间平台申报，省间综合考虑全网电力平衡、输电能力等因素，开展全局优化出清。考虑到电网控制区格局，实时市场仍按电网控制区范围组织管理。随着国家区域协调发展战略的推进，在适应大范围集中优化交易的输配电价机制逐渐形成后，部分经济水平和电价差异相对较小的地区可逐步融合形成区域电力市场，并纳入省间市场整体运作。

从交易方式来看，以中长期电力直接交易为基础，深化全国统一电力市场建设。考虑到目前省内市场交易以发用电双方共同参与的电力直接交易为主，电力市场建设应在此基础上进一步优化完善。

从交易品种来看，以电能量市场起步，逐步健全完善辅助服务、容量、输电权等交易。随着电力市场逐步成熟，不断丰富交易品种。近期主要开展电能量交易，逐步健全辅助服务交易、容量成本回收等机制。中远期根据市场发展情况，逐步引入输电权、金融衍生品等交易品种。

近期交易品种中，以中长期交易为主，现货交易为补充，逐步健全辅助服务交易、容量成本回收机制。中长期交易可约定结算曲线；现货交易在省间主要开展日前、日内交易，省内主要开展日前、实时交易；辅助服务以省内为主开展，省间辅助服务市场为补充；容量成本回收机制包括容量补偿机制、容量市场等。

中远期交易品种中，需进一步丰富辅助服务、容量市场、输电权、金融衍生品等交易品种。在近期基础上逐步实现现货市场与调峰辅助服务市场的融合，推进电能量与部分辅助服务交易联合出清，探索更大范围内的辅助服务资源共享和互济；适时开展输电权交易、金融衍生品交

第5章 多元发电主体参与电力市场化交易的机制和路径建议

易等,构建交易品种完备的市场体系。

从市场主体来看,近期市场主要包括发电企业、电力用户、售电公司、电网企业等,采用发用双方共同参与的双边交易方式。初期用户侧可采用"不报量接受价格"或"报量接受价格"的方式参与现货市场,具备条件的地区可"报量报价"参与现货市场;逐步引入需求侧资源、虚拟电厂、储能等新兴主体参与市场交易;考虑到市场主体成熟度、非市场化用户保底供电等因素,省间市场购电初期以电网公司代理用户(售电公司)购电为主,可采用点对网、网对网交易模式,可在经济水平和电价差异相对较小的区域开展省间点对点交易试点。

中远期市场主体方面,进一步扩大市场主体范围,用户侧全面参与现货电力市场。随着市场推进和政策性交叉补贴等问题的解决,省间市场逐步引入其他购电主体,放开各类发电企业、用户、售电公司等参与交易;用户侧全面采用"报量报价"方式参与现货市场;扩大需求侧资源、虚拟电厂、储能等新兴主体参与市场交易的范围。

市场交易体系建设路径具体如图5-11所示。

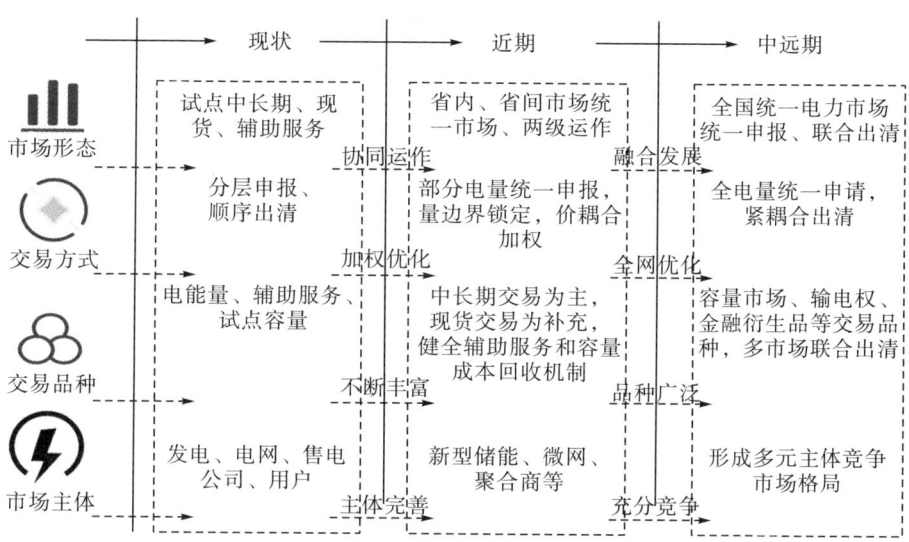

图5-11 市场交易体系建设路径

5.2.2 火电企业参与市场化交易的路径建议

1. 价格机制完善路径

价格是价值规律作用的表现，是其实现自身功能时对市场经济运行所产生的效果。电力市场建设完善过程中，对价格的研究至关重要。能源电力价格作为影响国计民生的重要因素，更需慎重考量，使其在不影响我国经济发展的前提下正确反映电力供需情况。国家发展改革委印发了《关于进一步深化燃煤发电上网电价市场化改革的通知》（以下称《通知》），部署进一步深化燃煤发电上网电价市场化改革工作。《通知》指出，进一步深化燃煤发电上网电价市场化改革，是发挥市场机制作用保障电力安全稳定供应的关键举措，是加快电力市场建设发展的迫切要求，是构建新型电力系统的重要支撑。

近期的价格机制建设路径中，可依照《通知》要求，继续推动燃煤发电上网电价市场化改革。一是有序放开全部燃煤发电电量上网电价。燃煤发电电量原则上全部进入电力市场，通过市场交易在"基准价+上下浮动"范围内形成上网电价。二是扩大市场交易电价上下浮动范围。燃煤发电市场交易价格浮动范围扩大为上下浮动原则上均不超过20%，高耗能企业市场交易电价不受上浮20%限制。三是有序推动尚未进入市场的工商业用户全部进入电力市场，取消工商业目录销售电价。对暂未从电力市场直接购电的工商业用户，由电网企业代理购电。鼓励地方对小微企业和个体工商户用电实行阶段性优惠政策。四是保持居民、农业、公益性事业用电价格稳定。居民（含执行居民电价的学校、社会福利机构、社区服务中心等公益性事业用户）、农业用电由电网企业保障供应，保持现行销售电价水平不变。

中远期的价格机制建设路径中，可逐步放宽市场交易电价上下浮动，并最终使得燃煤发电市场化交易价格完全由市场供需决定，真正发挥价格信号的作用。2022年11月，中电联发布的《适应新型电力系统

第5章 多元发电主体参与电力市场化交易的机制和路径建议

的电价机制研究报告》建议,完善煤电"基准价+浮动机制",发挥安全保供作用,选择现货试点地区,将煤电中长期交易价格上下浮动20%的限制予以放宽。未来,电力市场价格疏导可全程贯彻"谁受益,谁买单"原则,由用户支付绿电的价格溢价,电网和用户合理分摊辅助服务成本。同时,做好监管工作,加强市场力监测和监管,强化市场信用体系建设和信息披露。通过三寡头测试、行为测试、影响测试等,规范市场成员行为,加强对发电和售电等各类市场主体交易秩序、市场力的监管,建立健全市场主体信用评价体系。

2. 容量补偿机制完善路径

随着新能源的高比例接入,火电机组在电力系统中的作用由提供电量逐渐转变为提供电力。同时,由于新能源发电占比不断提高,火电机组利用率下降、收益减少,面临较大的经营压力。为适应能源转型背景下电源结构的变化、保障火电的可持续发展,需要逐步构建容量成本回收机制,用于激励常规火电投资建设、引导火电企业灵活性改造,保障系统发电容量充裕度、调节能力和运行安全,促进新能源消纳。

在市场过渡期建立容量补偿机制。根据发电成本、用电需求、系统可靠性要求等因素,确定容量电价。发电企业按其装机容量或可用容量获得收入。将容量成本纳入市场运营公共服务成本,并分摊至用户侧。

在多类型能源都纳入容量补偿机制后,可探索逐步建立容量市场机制。容量市场可采用容量拍卖机制或战略备用招标等机制,按照多年、年度、月度等开展交易,由市场运营机构购买并将成本分摊至用户侧。

在电价风险承受力较强的地区,可探索建立稀缺定价机制。在电能市场中,通过设置较高的价格上限,使机组在系统备用短缺时获得稀缺电价补偿,激励机组满足尖峰期用电需求。为避免过度激励,稀缺定价的上限设置应考虑是否同时采用其他的容量激励措施,对于已建立容量市场的地区,稀缺价格不宜过高。

3. 煤电联动机制发展路径

2012年12月20日,《国务院办公厅关于深化电煤市场化改革的指导意见》(国办发〔2012〕57号)发布,意见中第二条主要任务提出:完善煤电价格联动机制。继续实施并不断完善煤电价格联动机制,当电煤价格波动幅度超过5%时,以年度为周期,相应调整上网电价,同时将电力企业消纳煤价波动的比例由30%调整为10%。但从2020年1月1日起取消了煤电价格联动机制,将标杆上网电价机制改为"基准价+上下浮动"的市场化机制,主要目的在于促进电力市场化交易,降低企业用电成本,且硬性规定暂不允许电价上浮。当前燃煤发电市场化交易电量已超过50%,电价明显低于标杆上网电价。短期来看,市场整体用电量需求增速放缓,市场化将压低电价,火电企业业绩承压。煤价的波动与经济整体变化使得火电上网价有一定的周期性,长期来看,"基准价+上下浮动"机制创造的下限将改善这种情况,提高火电企业的盈利稳定性。

煤电联动机制始于2004年,2005年首次执行联动。截至2015年底,全国煤电机组标杆上网电价共进行了11次调整。其中,除2009年11月为合理反映燃煤电厂投资、煤价、煤耗等情况变化,2013年9月为支持新能源发展,鼓励燃煤发电企业进行脱硝、除尘改造,下调电价0.9~2.5分/(kW·h),以及2014年9月为进一步疏导燃煤发电企业脱硝、除尘等环保电价矛盾,下调电价0.93分/(kW·h)这3次以外,明确因煤电联动而调整共执行了8次。而在这8次中,6次上调、2次下调。最近一次发生在2015年底,实施煤电联动后,火电上网电价全国平均下调3分/(kW·h)。

从近期以及中远期看,煤电联动可在"基准价+上下浮动"机制下作为重要因素进行考虑,建立电煤价格定期检测机制和建立燃煤发电上网电价周期调整机制,及时预警防范拉闸限电情况的发生。2022年11月,中电联发布的《适应新型电力系统的电价机制研究报告》建议建立

第5章 多元发电主体参与电力市场化交易的机制和路径建议

完善煤电基准价联动机制，建议在基准价中及时反映燃料成本变化，可以将秦皇岛港 5 500 大卡下水煤基准价 535 元/吨对应全国平均煤电基准价 0.38 元/（kW·h）设置为基点，按照标煤价格上涨或下降 100 元/吨对应煤电基准价上涨或下降 0.03 元/（kW·h）的标准进行联动。按照当前政府指定的 5 500 大卡电煤中长期交易均价 675 元/吨的水平，有序将全国平均煤电基准价调整到 0.433 5 元/（kW·h）的水平，在联动后的基准价水平上再实施上下浮动。

5.2.3 新能源企业参与市场化交易的路径建议

1. 不同新能源项目的市场化交易路径

新能源可按存量补贴项目与新建项目，以"差别对待原则"参与电力市场。

在存量补贴项目市场化路径中，又可按照电量性质来区分。一是既在保障利用小时数以内，又在全生命周期合理利用小时内的电量，建议由政府统一实行"保价保量"收购。二是对保障小时数以外、全生命周期合理利用小时数以内的电量，结合电力市场改革进程，实行"价补分离"，固定的补贴为项目标杆电价与燃煤发电基准价的差值，国家财政按照固定补贴金额给予资金支持，燃煤发电基准价的部分全部参与市场，由电网根据市场竞争的结果进行电费结算。三是对合理利用小时以外的电量，直接参与电力市场化交易，不再享受任何财政补贴，同时准许参与绿证交易。

在新建项目市场化路径中，国家已经制定了相关政策，新能源项目可以通过参与绿证交易来获取环境补贴。建议采用"强制配额＋绿证"的价格机制，即通过配额制保障绿证购买需求，为新能源发电项目提供稳定、长期的环境价值收益和项目的合理利用回报。

2. 新能源参与不同类型市场的交易路径

新能源电力参与市场化交易的目的是通过电力市场引导市场主体交

易、释放电力系统灵活性、更有效地运行新能源和各类电源满足电力需求。我国在电力市场建设进程中积极推动新能源参与中长期和现货市场交易，但具体机制和衔接机制仍不清晰。《关于积极推进电力市场化交易 进一步完善交易机制的通知》（发改运行〔2018〕1027号）要求，推进规划内的风电、太阳能发电等新能源在保障利用小时数之外参与直接交易、替代火电发电权交易及跨省跨区现货交易试点等。《关于开展电力现货市场建设试点工作的通知》（发改办能源〔2017〕1453号）要求，现货试点方案应充分考虑与优先发电和购电制度落实机制、新能源保障性收购机制等制度的衔接。

目前，我国正根据电力市场建设和新能源电力发展进程，推动新能源企业逐步转型为竞争性电力市场主体。

当前亟待把优先发电和保障收购制度嵌入中长期交易规则，做好优先发电制度和电力市场规则的衔接。在优先发电制度下，应把优先发电和保障收购制度嵌入中长期交易规则，将优先购电和优先发电视为年度电能量交易签订合同；新能源优先发电合同（年度电能量交易合同）可转让。鼓励优先购电合同的跨省区转让，促进跨省跨区消纳新能源。

另外，可进一步拓宽绿证交易渠道，通过各交易中心进行分销，实现绿证和用户端直接建立更紧密的联系。建立"三位一体"的可再生能源消纳监测核算体系，包括物理电量的消纳、超额消纳量、绿证的消纳，实现与各交易机构之间的数据互通，市场主体消纳量的监测核算，交易中心数据的复核以及相关报表生产等。

近期，新能源主动参与省内外中长期交易，参考国际经验，结合电力中长期交易和售电市场改革，新能源电力与电力用户、售电公司签署购电协议，约定固定购电价格，也约定弃风、弃光补偿机制、分时电价，从而调动电力公司在批发市场出售新能源的积极性。如果配合可再生能源电力配额制和绿色证书交易，就将更加有利于该市场化交易模式的推行。为此，需要进一步放开省内外的发用电计划和用户选择权，引

第5章 多元发电主体参与电力市场化交易的机制和路径建议

导推动电力用户与水电、风电、太阳能发电等清洁能源发电企业开展市场化交易，放开各省电网公司、电力用户和售电企业的省内外购电权，并把可再生能源跨省交易优先纳入输电通道容量。目前许多电力改革试点方案中提出要通过发电权交易、替代发电方式促进可再生能源消纳。但应注意的是，一些地区所谓的煤电企业向新能源企业转让计划电量的"发电权交易""替代交易"是煤电享有计划电量的产物，会随着逐步放开发用电计划、取消煤电计划电量而丧失基础。另外，电网要服务新能源交易，允许地方电网与周边省份电网开展网际间合作，鼓励跨省跨区网对网、网对点的直接交易，有序支持点对网、点对点直接交易，促进大范围清洁能源消纳。

中期，可再生能源可探索参与现货市场。在欧美成熟的电力市场中，电力现货市场既为可再生能源提供了灵活性，也为新能源发电参与电力市场提供了一个至关重要的途径。由于中国现货市场建设刚起步，可逐步探索可再生能源参与现货市场的路径，通过市场竞争与政府补贴相结合的方式实现优先消纳。参照国际经验，新能源企业可直接参与现货市场，近、中期政府可通过差价合约和市场溢价两种模式减少投资者风险。一是差价合约模式。新能源发电企业按照中标电价与政府指定机构或电网签订差价合约，同等参与电力现货市场。如果市场价格低于标杆电价，不足部分由政府或消费者支付；反之，新能源企业返还超额收益。二是市场溢价模式。新能源发电与其他机组按照同等规则参与市场竞争，并在市场价格的基础上按一定比例获得补贴。补贴额度可以是固定值，也可以根据电价波动进行调整。未来，随着技术的成熟和可再生能源成本的下降，也可逐步降低补贴力度，使可再生能源全面面向市场并最终退出补贴政策。

远期，探索售电侧分布式发电市场。分布式发电代表了能源发展的新方向和新形态。但目前对分布式发电、储能对未来电力市场的巨大影响和重构作用分析不足。微电网、增量配电网等要素爆发，更多分布式交易帮助大电网解决电力平衡、价格波动风险问题，甚至改变原有市场建设路径，今后需要更多研究探索。例如，将来应建立售电侧配电网运营商（DSO）分布式发电交易平台。

与此同时，需同步建立市场化交易和风险应对机制。结合中国电力中长期交易、现货市场和金融期货市场建设进程，可再生能源电力还可探索采取以下市场化风险应对模式。模式一：可再生能源电力与电力用户签署金融差价合约（或综合/虚拟购电协议），然后参与电力批发市场竞价。按照实际市场电价卖给售电商，电力用户向可再生电力支付实际市场电价与约定电价之间的差价。模式二：可再生能源电力直接参与电力批发市场竞价，并购买套期保值（买进货合约）。

5.2.4 水电企业参与市场化交易的路径建议

水电是一类对国计民生有重要影响的特殊能源。它在发电应用上具有上下游耦合性、丰枯季节性、成本差异大等特点。这些特点给其市场化设计造成了很多困难，成为电力市场改革中的一道"技术壁垒"。水电作为优先发电政策中的"二类优先"资源，其市场化发展研究刻不容缓。

水电市场化发展涉及各类市场交易品种和交易规则的设计，省间市场和省内市场的设计与衔接，以及市场交易体系与电网调度机制的衔接，与市场外各类政策机制的衔接等。在实施中，需要注意综合多个维度协调设计解决相关问题。从欧美电力市场的实践来看，水电参与电力市场后，普遍与其他能源一样遵循相同的市场规则，特殊性政策一般在市场外个别实施。中国水电市场化消纳研究还处于初步阶段，相关研究主要集中于市场化环境下的梯级水电站调度、水电厂参与市场的策略和风险、部分已开展水电市场交易的情况分析等。随着现货市场试点工作的开展，水电也在多地（特别是水电大省）电力市场规则的设计中得到重视，相关规则还在完善中，亟须及时进行相关总结和探讨。

第5章 多元发电主体参与电力市场化交易的机制和路径建议

根据国家发展战略要求,中国的水电发展经历了从计划到市场的逐步转变。当前,在"保护生态基础上有序开发水电""加快解决风、光、水电消纳问题"的总体要求下,水电作为二类优先发电能源,主要采用"保量保价"和"保量竞价"两种方式处理,并且被鼓励更多以"保量竞价"的方式进入市场。近年来开始实施的可再生能源消纳保障机制,把水电消纳作为责任按权重分配到各省。

目前,水电的省间中长期交易主要基于政府间协议和国家指令性计划,以挂牌方式的省间外送交易和双边协商的发电权交易为主,根据汛期需要,也包含部分应急水电交易。省内中长期交易,按照年度、月度和月内周期在省内交易平台开展,典型交易方式包括集中撮合交易、挂牌交易、直接交易等多种形式。根据具体情况,各省水电交易各有特点。四川、云南等水电大省的水电市场化交易量较大,其他各受端省水电一般作为优先发电资源保量保价消纳,只在来水丰沛、难以及时消纳时,通过"减弃增发"类应急交易消纳富余水电。现货交易则开展了省间富余可再生能源现货交易和四川等地的现货市场试点建设。未来,随着电力市场化建设的逐步完善,水电作为可再生能源将完整参与中长期和现货的市场化交易。

在市场化发展交易路径上,市场初期,考虑到用户进入市场的比例还较低,水电丰枯期发电差异明显,电力市场整体架构和机制还不够完善,可暂不将上网电价整体较低的水电机组纳入与用户直接交易的范围,以保证电网企业对市场不平衡资金的疏导,保障市场平稳起步。在现阶段,可开展水火电发电权交易,以市场机制促进水电消纳,同时相当于给予火电机组一定的补贴,缓解火电机组发电小时数不足导致的企业经营困难问题。

随着市场交易规模的逐步扩大,非市场用户电量逐渐下降。如图5-12所示,在市场规模较小时,非市场用户用电量在 A 位置,即非市场机组(包含水电)全年发电量总体小于非市场用户全年用电量。全年来看，市场化机组除了发满市场合约电量外，还需满足部分非市场用户用电需求，但仍可能出现部分时段非市场机组出力高于非市场用户负荷的情况，此时，可暂不将水电纳入与用户直接交易范围；在市场规模扩大时，非市场用户电量将下降，当非市场用户用电量降到 B 位置时，非市场机组（包含水电）全年发电量基本与非市场用户全年用电量匹配，非市场机组和市场机组分别满足非市场用户和市场用户的用电需求。当市场规模继续扩大，非市场用户用电量降到 B 位置以下时，非市场机组（包含水电）全年发电量大于非市场用户全年用电量。全年来看，市场化机组发电量将小于其签订的市场合约电量，造成市场化合约执行与清洁能源消纳（非市场机组计划电量物理执行）之间难以调和的矛盾。

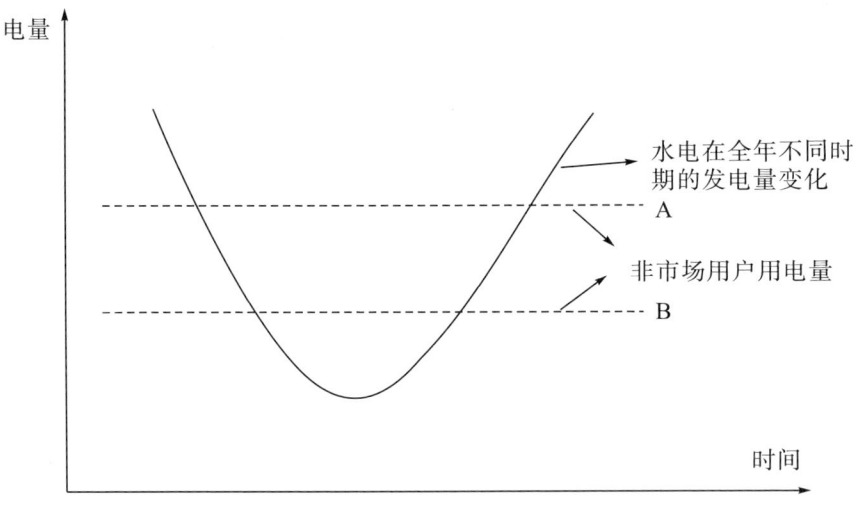

图 5-12 非市场用户规模变化

当非市场用户用电量降到 B 位置以下，且无现货市场的情况下，发用电计划需同步放开。此时，只能放开发电计划，让部分水电参与用户的直接交易，保证非市场机组发电量不大于非市场用户电量，否则将难以保障市场化机组合约的执行，阻碍市场的进一步发展。

第 5 章　多元发电主体参与电力市场化交易的机制和路径建议

当非市场用户用电量降到 B 位置以下，且有现货市场的情况下，可采用市场化机组的中长期合约在现货市场进行差价结算，电网公司分别以机组原有上网电价和用户目录电价代理非市场机组和非市场用户在现货市场交易，非市场机组的计划电量在现货市场中物理执行。因水电上网标杆电价整体上比市场化机组的上网标杆电价和市场合约电价低，电网在现货市场代理非市场机组和非市场用户的收益风险也相对较低。在电力市场体系和机制较为完善后，可逐步放开水电计划，让水电参与现货市场的竞争，实现市场在更大范围内的资源优化配置功能。

参考文献

[1] 刘畅,李德鑫,张磊,等. 含大规模新能源的新型电力市场交易机制研究[J]. 吉林电力,2022,50(3):1-4.

[2] 陈沪伟. 现货环境下的绿电市场化交易机制研究[J]. 能源,2022(7):67-71.

[3] 夏天. 促进新能源消纳的电力市场机制及政策优化模型研究[D]. 北京:华北电力大学,2020.

[4] 叶泽. 电力市场的逻辑起点与本质特征——"无现货、不市场"的解释及相关政策建议[J]. 中国电力企业管理,2021(13):64-69.

[5] 伏开宝,曾翔. 电力市场改革现状分析与政策建议[J]. 宏观经济管理,2018(1):49-54.

[6] 赵冉. 发挥辅助服务作用推动火电灵活性改造[N]. 中国电力报,2021-12-30(002).

[7] 张莉芳. 绿色证书和碳排放权交易对中国电力市场的影响机理及政策效果研究[D]. 衡阳:南华大学,2021.

[8] 王宝,叶斌,朱刘柱,等. 市场环境下我国电力需求响应实践与探索[J]. 电力需求侧管理,2021,23(5):91-95.

[9] 何胜,徐玉婷,陈宋宋,等. 我国电力需求响应发展成效及"十四五"工作展望[J]. 电力需求侧管理,2021,23(6):1-6.

[10] 赵勇强. 新能源电力市场化交易的国际经验与中国实施路径探讨

[J]. 价格理论与实践, 2019 (10): 9-13+166.

[11] 李基贤, 许思扬. 英国电力市场化改革对中国电力市场发展的启示[J]. 电工电气, 2021 (7): 1-4+11.

[12] 李小锋. 在低碳经济战略下火电企业碳排放交易市场分析[J]. 化工管理, 2021 (14): 15-17.

[13] 夏清, 陈启鑫, 谢开, 等. 中国特色、全国统一的电力市场关键问题研究（2）：我国跨区跨省电力交易市场的发展途径、交易品种与政策建议[J]. 电网技术, 2020, 44 (8): 2801-2808.

[14] 吴天瞳. 核电机组参与电力市场运行关键问题研究[D]. 杭州: 浙江大学, 2021.

[15] 唐应玲, 程雄, 刘冀, 等. 水电参与电力市场的交易机制及面临挑战[M]//中国水利学会. 中国水利学会 2019 学术年会论文集第三分册. 北京: 中国水利水电出版社, 2019: 687-695.

[16] 张森林, 张尧, 陈皓勇, 等. 水电参与电力市场竞价的关键问题研究（英文）[J]. 电网技术, 2010, 34 (1): 107-116.

[17] 卢佳, 李刚, 程春田, 等. 考虑多种变量不确定性的梯级水电站中期调度及交易决策方法[J]. 电力自动化设备, 2021, 41 (9): 199-205.

[18] 李升. 电力市场环境下水电调峰交易机制的研究[J]. 广东电力, 2013, 26 (7): 27-30.

[19] 丁震行, 龙三强. 电力市场中核电适应的交易方式与竞价方式探讨[J]. 核科学与工程, 2006 (1): 8-14.

[20] 彭伟军, 汪民, 杨永宏, 等. 水电厂参与调频辅助市场模型研究[J]. 电力设备管理, 2022 (9): 101-103.

[21] 李聪, 何勇琪, 宋丽珠, 等. 多类型电源参与的调峰辅助服务市场模型[J]. 电气传动, 2021, 51 (24): 46-51.

[22] 肖强, 王又华, 杨浩智. 新能源发电项目的股权并购标准化评价

方法研究[J]. 中国标准化, 2022 (14): 32-36.

[23] 郭胜伟, 门秀杰, 孙海萍, 等. 中国绿电、绿证及CCER政策现状及趋势比较研究[J]. 中国能源, 2022, 44 (3): 75-80.

[24] 张宁, 庞军. 全国碳市场引入CCER交易及抵销机制的经济影响研究[J]. 气候变化研究进展, 2022, 18 (5): 622-636.

[25] 文扬, 王丽, 高国力. 关于完善我国碳交易市场的若干思考[J]. 中国经贸导刊, 2022 (3): 52-54.

[26] 张粒子, 许传龙, 陈传彬, 等. 电力现货市场环境下电能量市场解耦结算机制研究[J]. 价格理论与实践, 2020 (11): 30-36.

[27] 王许, 乔清薇, 陈霄. 碳排放权交易市场与新能源市场的动态相依关系研究：以我国碳市场试点为例[J]. 中国矿业大学学报（社会科学版）, 2021, 23 (6): 89-106.

[28] 陈煌, 黄汉昌, 黎值源, 等. 基于碳交易的含大规模光伏发电系统中抽水蓄能优化调度[J]. 电子器件, 2020, 43 (3): 569-573.

[29] 李军徽, 张嘉辉, 穆钢, 等. 储能辅助火电机组深度调峰的分层优化调度[J]. 电网技术, 2019, 43 (11): 3961-3970.

[30] ZHANG Y, ZHAO H, LI B. Research on the design and influence of unit generation capacity adequacy guarantee mechanism in the power market [J]. Energy, 2022, 248: 123658.

[31] 李军徽, 张嘉辉, 穆钢, 等. 储能辅助火电机组深度调峰的分层优化调度[J]. 电网技术, 2019, 43 (11): 3961-3970.

[32] 张保衡. 调峰机组热应力及疲劳寿命[J]. 中国电机工程学报, 1986 (2): 3-15.

[33] 刘学, 刘硕, 于松泰, 等. 面向新型电力系统灵活性提升的调峰容量补偿机制设计[J]. 电网技术, 2023, 47 (1): 155-163.

[34] 中国电力企业联合会. 2020年全国电力工业统计基本数据一览表[EB/OL]. (2021-12-09)[2023-01-15]. https://www.in-en.com/data/html/energy-2237059.shtml.

[35] 国家发展改革委,国家能源局. 关于开展全国煤电机组改造升级的通知[EB/OL]. (2021-11-03)[2023-01-15]. https://www.ndrc.gov.cn/xxgk/zcfb/tz/202111/t20211103_1302856.html.